C E O ¿AHORA QUÉ HAGO?

DE UN NEOBANK

CHARLAS CON JUSTINO

HÉCTOR ORTEGA

BARKER & JULES®

BARKER & JULES®

CEO DE UN NEOBANK. ¿Ahora qué hago?. Charlas con Justino

Edición: Sandy Cruz
Diseño de Portada e ilustraciones: Joksan Cruz
Diseño de Interiores: María Elisa Almanza | Barker & Jules Books™

Primera edición - 2021
D . R .© 2020, Héctor Ortega

I.S.B.N. | 978-1-64789-485-6
I.S.B.N. eBook | 978-1-64789-486-3

BARKER & JULES, LLC
2248 Meridian Blvd. Ste. H, Minden, NV 89423
barkerandjules.com

CEO DE UN NEOBANK,

¿AHORA QUÉ HAGO?

CHARLAS CON JUSTINO

HÉCTOR ORTEGA

2020

Para quien me ha leído desde el principio y,

para quien me sigue leyendo:

GRACIAS

Índice

3. Metodologías y tendencias

Biografía. Héctor Ortega define sus vida en tres aspectos: Su fuente de ingresos, lo que le divierte y su labor para agradecer las dos primeras.

•

Es CEO de Hypertech (su fuente de ingresos www.hypertech mx) firma especializada en el desarrollo de banca digital en aspectos normativos, ciberseguridad, Experiencia de Usuario, exposición de APIS y en soluciones para banca digital.

Es fundador de Beernnovation (lo que lo divierte), una comunidad de divulgación para el sector financiero donde con cerveza en mano, se reúnen para platicar de temas de actualidad.

www.hectorortega.mx

hortega@hypertech.mx

Bloguero en www.mipropiomba.com (labor de agradecimiento) donde publica de manera regular su aprendizaje en temas de negocios, con base en una serie de libros.

Ha sido un apasionado por más de 18 años en temas de Banca Digital, su evolución, normativa, innovación, y tendencias en México, un apasionado por evangelizar sobre el futuro de los negocios financieros digitales.

Actualmente vive en CDMX con su esposa Yolanda y sus tres hijos: Héctor, Alan e Ian.

Prólogo. Si hubiera escrito hace 15 años, habría sido un excelente y aburrido texto de arquitectura de sistemas, no obstante, en los últimos años Héctor ha invertido incontables horas al estudio de mercadotecnia, experiencia de usuario y negocios además de conocer las nuevas tecnologías disruptivas, mismas que explica e imple menta de forma natural.

Este libro es el anecdotario de Justino un CDO (Chief Digital Officer) de un banco tradicional que se convierte en el CEO de un Banco Digital (Neobank) en BancoT, tiene que lidiar con las tecnologías del mundo nuevo, pero con las reglas del mundo viejo; posee la capacidad de abstraer las ideas yponer taxonomía a su quehacer que simplifica y reflexiona para ejecutar, con sentimientos encontrados, con el miedo a fallar, su desconocimiento antes los nuevos temas.

Junto con Héctor explican con lujo de detalle cómo cambia a velocidad vertiginosa esta industria, comparten los nuevos padigmas que surgen, dónde el cliente espera excelentes experiencias digitales, pero su comportamiento cambia todos los días.

Dirigido a empleados de bancos; chicos, medianos y grandes, Fintechs, Neobanks,Bigtechs y todo aquel interesado en estos temas. La diferencia de un consejo y una sugerencia es que la sugerecia está basada en el sentido común y el consejo está basado en la experiencia, esta obra contiene mucha y valiosa experiencia a pesar de su brevedad.

Los lectores sentirán empatía, sin importar si trabajan en un puesto similar, comprenderán mejor el origen de los servicios tanto exitosos como fallidos al conocer el entorno. ¡Ojo!, no habla de la tecnología, sino de los retos del negocio en forma de una historia, así como el resultado con sus problemas sin satanizarlos, el potencial con sus oportunidades, el humo fino que venden algunos, incluso los problemas familiares y hasta un poco depsicología. Estoy seguro de que todos los que lo lean obtendrán mucho conocimiento para aplicar en su día a día tanto o más que yo.

En este libro, Héctor ratifica lo que siempre,he pensado de él, que es una persona muy inteligente, experto en sistemas y con un constante crecimiento en otras disciplinas. Lejos del área de tecnología nos permite entender de forma simple temas muy complejos, que sin un contexto no podríamos llegar al siguiente nivel del conocimiento, es un líder en el sector financiero, pensador y divulgador de la estrategia para llegar al mundo futuro que nos queda más claro con esta obra, le deseo mucho éxito y espero un siguiente volumen.

Oscar Salcedo Yúdico

CDMX, diciembre 2019

1

LA TRANSICIÓN

O podemos decir:
El efecto dragón en la banca móvil

H. Ortega

La amenaza más fuerte para la banca móvil

El fin de semana pasado, nos fuimos a un bar con Justino, a platicar de la vida y la familia, pero como siempre hemos de cometer ese pecado dada nuestra intensidad, terminamos hablando de temas de trabajo.

Me da miedo que BAT llegue a México - dijo en tono de verdad preocupado- lo lamentable es que no estamos ni cerca de preparados en la banca mexicana, estaba haciendo una confesión, -puse cara de no entiendo nada- una sonora carcajada de Justino me saco de mis pensamientos - tanto que varias personas voltearon por el escándalo que momentáneamente provocó - un poco avergonzado le bajo el volumen a su risa, pero sin contenerla del todo.

Yo obviamente seguía con cara de que le pasa a Justino, un momento está preocupado, segundos después ríe como loco -creo que ya lo estoy perdiendo entre murciélagos y banca digital -me dije a mi mismo ahora un tanto cuanto preocupado-

Me miró, siguió sonriendo por lo bajo, con cara de un maestro Zen y su discípulo atolondrado que no entiende rápido las cosas - hasta pensé- a ver a qué hora me dice para molestar — ¡Pequeño saltamontes te explico! – me miró fijamente y dijo BAT- en tono amable- son el acrónimo de Baidu (buscador), Alibaba (*e-commerce*), Tencent (social) en China con sus productos:*www.baidu.com, www.alibaba.com*, el poderoso, temible *www.wechat.com* de Tencent– en este último producto lo dijo fuerte y antes suspiró un poco, como dando un poco el origen dela preocupación.

No entiendo por qué te preocupas de un WhatsApp chino- dije aliviado y pensando en que había cosas que Justino no las tenía claras, aunque resultó que el confundido era otro, sólo suspiró fuerte, me miró fijamente – sentí un poco de miedo ya que su mirada era fría y amenazadora, a todas luces gritaba: ¡Sino sabes no opines idiota!, le duró sólo un segundo -

Héctor deja te cuento un poco – más calmado después de un largo suspiro - en este lado del mundo justamente es la competencia local a WhatsApp, Telegram, Messenger, Skype si quieres para no ser tan purista, es lo que conocemos y nada más, pero tengo una frase para definir perfectamente a WeChat en su ambiente puro por decirlo de alguna manera y esta es -hizo una pausa teatral en este punto, porque me tenía seriamente intrigado-.

WeChat es la App para cualquier cosa, cualquier cosa literalmente… bueno en el mundo digital, o te gusta más esta Héctor: es la *Killer App* en China o la Súper App, o prefieres; *Facebook is for the best moments of my life. WeChat is for everything else.*

Justino, me parece que exageras sin duda alguna, eso deben decir los periódicos, el marketing, el hecho de que en China tenga éxito no quiere decir en lo absoluto que esos drivers tengan éxito aquí, ¡rayos! Somos culturas completamente diferentes -dije esta última frase con el efecto de dejar rematada la idea, cerrar el tema y las dudas-.

Justino ni se inmutó, ni la mirada cambió ni el tono de su voz varió, como si me hubiera ignorado de principio a fin en mi perorata, afortunadamente para mí no fue así y en un derroche de paciencia dijo: tu opinión es válida, certera en muchos aspectos – aquí me sentí importante y creía tener razón-, pero en esta ocasión, para terminar de formar tu juicio; permíteme por favor que te diga unas cuantas cosas interesantes de este dragón chino que amenaza nuestro modelo de negocio local - que exagerado está hoy pensé, pero no le dije para no molestarlo–.

Imagina por un momento -dijo Justino- que tengas una App en tú teléfono que se basa en un sólo principio; no debes salir de aquí, lo que necesitas está aquí, porque el dinero es un mensaje. Tomó con su mano derecha la izquierda y empezó a enumerar con los dedos:

1. Puedes hacer todo tipo de pagos

2. Agendar cita con tu doctor, buscar citas románticas, nanas, enfermeras, etc.

3. Es tú Uber de bicicleta

4. Y tú Uber de carro

5. Puedes comprar comida

6. Pagas por QR en cualquier establecimiento

7. Es una wallet

Para resumir Héctor, es Amazon, Banco, Facebook, WhatsApp, Google, todos ellos integrados en un... mensajero o en una aplicación de aplicaciones. El tema es que está sobre un ecosistema ¡maldita sea! -dijo Justino con muy mucha emoción, preocupación y coraje, todos los sentimientos al mismo tiempo.

Imagina sus puntos importantes que la hacen la *Killer App*, basan su estrategia global en la experiencia de usuario, hacen cosas como:

- Puedes mandar dinero, video o mensajes, con la misma experiencia

- Tiene galería de stickers el más famoso se llama: la vida secreta de las mascotas

- Tiene WeChat moments, orientado a estilo y moda, para que sin salir de WeChat puedas descargar otras aplicaciones y compartir con terceros tus momentos, que no hacen otra cosa que enganchar a la gente por más tiempo

- Hacen algo que llaman *Red Packet*, que es mandar paquetes de dinero virtual envueltos en color rojo, para que otros usuarios adquieran promociones exclusivas dentro del *Marketplace de WeChat.*

- ¡Puedes agitar tu teléfono, te mostrará otros usuarios que están agitando su teléfono en ese mismo momento Héctor!, eso produce un movimiento y se vuelve viral, no te parece que es de miedo esta App China … -me decía con mucha vehemencia-

- Puedes lanzar un mensaje en una botellay otra persona puede atrapar a botella para- escuchar el mensaje. ¿lo ves? Sólo cosas para no salir de ese ambiente adictivo

- ¡Juegos! Me parece que no hay mucho que decir ¿no crees amigo? Los que quieras de lo que quieras en el *Marketplace*

- Si quieres invertir o tienes necesidades financieras: *MarketPlace* al rescate de productos financieros para ti

- Empleo o buscas personas de manera formal y quieres usar, digamos LinkedIn, pues no tienes que salir e instalar

otra cosa, están dentro de WeChat, como addons dentro de la plataforma, para todas las marcas de moda, hoteles, servicios digitales, etc.
No hay restricciones sólo debes entrar al mundo de WeChat

Te gustan las estadísticas, estas son las que me he aprendido:

- WeChat tiene un 34% de todo el tráfico móvil en China, comparado con un 14% que tiene Facebook en USA

- Más de 1.3 trillones de transacciones anuales

- ¡Tienen más de mil millones de usuarios!

- Aumentan su base de usuarios un casi 16% anualmente

- Tienen en promedio 38 mil millones de mensajes enviados al día

Ya que eres muy techie me dice Justino, para clavar la última estocada que matara la duda que se resistía a morir, han creado algo que llaman miniProgramas, que no requieren descargar o instalación en tu teléfono, pero se comportan como si fueran miniApps, ¿te imaginas? es como tener una tienda de aplicaciones local y con control total.

Obviamente en este punto estaba más que justificada la preocupación de Justino, ahora veo la amenaza - le dije - pero me parece que algo se puede y se tiene que hacer para mitigar el riesgo de alguna manera, -Justino me miró con cara de sorpresa - ¡Por favor, dilo ya! -casi gritó- debe ser importante y cualquier cosa que ayude podemos empezar a explorarla.

Entonces logré exponerle una de las ideas más interesantes, un producto innovador que estamos terminando de construir en Hypertech, aproveché para comentarle por qué un banco tan grande debía trabajar con una empresa pequeña, la idea tiene una base simple -le dije con tono de autoridad en la materia WeChat está basado sobre un mensajero al que le construyeron un ecosistema alrededor –dije-.

Justino asintió con la cabeza a mi afirmación con paso en terreno seguro avance ante su mirada inquisitiva- Es tarde para México o Latam una estrategia así — dije con tono más seguro-, sólo se quedó con una cara de: ¡vamos dime algo que no sepa!

El usuario no quiere salir de su momento, lo que debemos hacer es dar continuidad al mismo, alargar su experiencia dentro de su mismo entorno … interesante - casi balbuceo Justino, con tono de esperanza en la voz ante una posible alternativa a su angustia- vamos no entiendo dijo, ¿a qué te refieres con momento y continuidad de este?… ¿es como al revés? –inquirió-.

¡Exacto!, Imagina la siguiente conversación en WhatsApp: Tu esposa te manda un mensaje y dice:

- ¡Amor!, ¿Llegaste bien al trabajo?

- Tú piensas, ¿ahora que hice? o quizá ¿olvide algo importante?

- Bien amor, ¿tú estás bien?, ¿necesitas algo mi vida?

- ¡Si amor, saber si pagaste la colegiatura de los niños!, mira te paso un meme de cuando a un esposo se le olvida hacer pagos y la cara que pone al recordarlo...

Obviamente te ríes como loco del meme, por dos razones básicas, una porque es chistoso, el otro porque no has pagado la colegiatura... imagina le dije, si rompes ese momento, tienes que abrir la aplicación del banco, ingresar, ver tus saldos, luego buscar el menú de SPEI, poner los datos de la transferencia, colocar el token para realizar el pago, esperar que se pague y su confirmación, te regresas a saldos, ves que efectivamente se descontó, recibes notificación de pago efectuado, tiempo estimado cinco minutos, regresas a tu conversación en WhatsApp y... tu esposa se ha ido, el momento se perdió por qué abandonaste la secuencia.

Justino un poco serio dijo; eso es claro, a nadie le gusta, pero Héctor ¿alternativas a eso?, ¿cómo hacemos para no romper como dices el momento?, sigo peor que al principio de tu magnífica idea… hice una pausa teatral, saqué mi celular y le dije muy emocionado, la solución es una banca para el teléfono, en lugar de una aplicación en el teléfono, es decir que no importa dónde te encuentres, la banca será un agregado de tu momento, que sólo integra los procesos dentro de tu momento.

Acto seguido, le pasé mi teléfono con el demo del proyecto, la interacción desde WhatsApp y como no romper el momento del cliente.

Al terminar, Justino estaba encantando con muchas preguntas que; si era legal, sí cumplía con la normativa y el cap. X de la CUB, sí la seguridad estaba cubierta, sí era una App aparte o la misma que ya tenía, si se podía arreglar a su imagen del banco, sí se necesitaban cosas adicio nales para que el banco lo integrara, la respuesta exceptuando esta última cuestión fueron, si amigo, es legal. No tienes nada que hacer extra, con los servicios que tienes se puede hacer todo … crear un pequeño ecosistema dentro de la banca para el teléfono … y nos enfrascamos en otra charla de cómo podíamos lograrlo.

Al final, se trata de buscar alternativas que ayuden a los retos que se presentan, en lugar de solo preocuparse de las tendencias del mercado, fue tal nuestra conclusión.

La respuesta fue simple

Decide: ¿Fintech o Banca?

¡Hola, amigo Héctor! – escuche apenas sonó mi celular, de inmediato dije - ¡Hola Justino qué gusto escucharte! ¿Tienes cinco minutos? Claro y los minutos que necesites mi estimado, respondí muy contento. Hoy me hicieron una pregunta para un medio de comunicación, la verdad es que quería contarte cuánto antes, para conocer tu opinión y comentar el asunto, me preguntaron *¿Fintech* o Banca?

Lo que respondí es lo que pienso amigo – dijo Justino en casi tono de disculpa -, tú lo sabes bien, ¿Fintech o Banca? Me preguntó nuevamente: **Discriminación** le respondí Héctor. Una vez terminado el regaño por parte del presentador, por no responder con ninguna de las palabras a su pregunta, pero hábil como cualquier comuni cador, tomó el momento y dio el giro a la conversación -siguió Justino-.

Sr. Justino ¿por qué dice discriminación? – me pregunto el presentador- puedo decir otras más, tales como incongruencia, indefinido, subconjunto o cualquier otra cosa, la intención es buscar una manera de expresar que el orden de las palabras me parece manipulador: primero *Fintech* y luego Banca, dos conceptos que no se pueden comparar por ser incongruencia, no me malentienda le dije rápido -continuaba por el teléfono Justino– hemos analizado tanto el tema y tantas veces que primero surgen las opiniones sobre las preferencias.

> *Fintech y Banca pueden ser un subconjunto porque el área de IT de la banca es Fintech.*
> *Banca y Fintech es un subconjunto por qué la banca es servicios financieros digitales y es Fintech.*
> *Es indefinido por qué en este 2018 no es madura la Fintech y la Banca no es ágil como la Fintech.*

Es discriminación, debido a una cuestión: ¿Dónde quedan las figuras de microfinanzas, Sofipos/ Sofomes / Sofoles/ Cooperativas de Ahorro y etc. que promueven y dan mucha batalla a la inclusión financiera? ¿De qué era el programa que te entrevistaron? –interrumpí a Justino – Cierto no te dije, era de servicios financieros y su futuro para el consumidor de a pie.

Entonces le comenté lo que en otra ocasión te compartí –dijo Justino- **"el futuro de los servicios de la banca, no estará dictada por la oferta sino por la demanda"**. ¿Recuerdas que te dije hace unos meses? ¿El cómo? será el servicio y lo dictarán los consumidores, las instituciones de servicios financieros reaccionarán con "el qué" ofreciendo productos financieros.

Respondí diciendo: Justino, pero eso ya ocurre, el consumidor dice cómo quiere... -me quedé callado viendo cómo una avalancha de ideas mataba y sepultaba mi perorata antes de terminarla - ... metí reversa antes de que Justino pudiera reaccionar y corregí: ¡hoy día no hacemos mucho caso a los consumidores! Mi buen amigo en aquella ocasión estuvo de acuerdo, ya que en otra oportunidad habíamos platicado de la sutil pero importante diferencia que, es posible que marque el futuro de los servicios financieros.

Para llegar a 2030, debemos dejar de poner al cliente en el centro, tenemos que dejar "nuestra" ecuación para, formar parte de "su" ecuación, que ya tiene un centro y son los consumidores, la banca es un satélite alrededor nada más – dijo Justino-.

Definitivamente esta idea no es para nada nueva ni única, se ha tratado y comentado muchas veces, el argumento más sensato está basado en la pirámide de Maslow, donde la necesidad primaria no está en el servicio financiero sino comer, dormir, respirar descansar (las fisiológicas), lo interesante es saber ¿cuál es la prioridad para elegir de las de seguridad? La respuesta más sensata nos parece que es: estar presentes siempre que una necesidad primaria haya sido satisfecha – comento Justino-.

Pero iremos más allá del siguiente paso lógico de la primera conclusión, iremos directo a nuestro entorno de negocios que generan mayor margen de utilidad -dijo en aquella ocasión Justino- El margen digital es el *KPI* más rentable hoy día, por ello buscaremos la necesidad primaria digital de los consumidores, para hacernos presentes durante, entre, después, mientras usa el servicio digital… por cierto, no es hacer una transferencia financiera.

¡Fintech o Banca!, como si no hubiera más alternativas –casi me grita por el teléfono Justino sacándome de mis pensamientos– como si el futuro de los servicios financieros estuviera determinado por una de estas dos únicas alternativas ¿puedes creerlo? –remató, me recordó la última parte de la plática que cierra la estrategia– en el futuro será más complejo, caro atraer y retener a un cliente, es más rentable e incluso menos complejo ir por los segmentados, pero no desde la estrategia del banco y sus parámetros, sino a comunidades tribus ya formadas por afinidad en un esquema totalmente social.

Estas tribus ya tienen necesidades comunes, debemos encontrar esa amalgama digital que los integre a nuestra plataforma, no financiera en principio para atraer, retener, fidelizar a sus miembros, detectar necesidades comunes, periodicidad, acto seguido hacer un plan de acción y ataque, con sugerencias tan increíbles como la necesidad digital primaria; puede ser de integración de herramientas del tipo todo en uno; esquema de utilidad, donde debemos saber si requieren dispositivos de comunicación, megas de internet para navegar, espacio de almacenamiento, velocidad de internet, capacitación de uso de herramientas digitales, etc. variables de comportamiento y de interacción; psicología para detectar las motivaciones de la tribu. Hay muchas más incluso con ejemplos más claros y directos, pruebas de concepto que hemos hecho al respecto para validar las hipótesis en un esquema *Lean Startup*.

Regresando al tema, Justino me dijo nuevamente muy molesto ahora: ¿Fintech o Banca? La pregunta es tan mala, como para ni siquiera tomarla en cuenta, -dijo ya con una muy notoria molestia en la voz– el futuro estará dictado por la masa y sus necesidades, donde la paradoja del consumidor está empoderado por el acceso a la información, la opinión de los miembros como una sola y la capacidad económica financiera que brinda su tribu, cuando hagan uso de esta fuerza será imposible no escucharla para ayudarle o pagar las consecuencias.

Pero Justino –le dije con una duda– Me has dado tu opinión, pero estoy completamente seguro de que no fue tu respuesta ¿qué dijiste realmente a la pregunta? Sonrió fuerte por la bocina, mi querido amigo, se agradece una persona perspicaz y atenta, la respuesta fue simple: ¿*Fintech* o Banca Justino? ¡Banca! – respondió de inmediato y añadió para faltar el respeto con todas las de la ley: ¡la *Fintech* nos va a temer!

Abrazo Héctor –dijo finalmente y colgó–.

El nuevo sistema operativo de la banca es Blockchain, IA y Big Data en la nube.

H. Ortega

El futuro de la banca... no es Blockchain

El futuro de la banca no es Inteligencia Artificial (IA), ni *Machine Learning, ni los bots, ni cloud computing* –dijo Justino ayer por la tarde, lo dijo tan serio y con tanta certeza que me quedé estupefacto, por supuesto arremetí con todo –espera– le dije para que no avanzara– ¿los grandes dicen que es el futuro? por qué contradi ces a los investigadores de este modo, te conozco y debes tener un fundamento para decirlo definitivamente.

Justino hizo una mueca de sonrisa, acto seguido dijo; definitivamente tienes razón Héctor, el tema es que los grandes lo hacen un poco para preparar la venta de los siguientes cinco años ¿no crees? Bueno, –me dije para mis adentros- eso debo aprenderlo, trazar un camino es una gran estrategia para las ventas del futuro, interesante esta idea, pero seguro tiene más fondo- te cuento un poco más, me interrumpió sacándome de mis pensamientos.

Blockchain es innovación, si prueba que suma a la cadena de valor del negocio, se debe adoptar sin remedio, pero no es en futuro diez años para la banca, es un deber como IA, *BigData y Machine Learning.* Es como si fuera un sistema operativo, forma parte de la estructura *Fintech,* de su ADN si quiere sobrevivir, eso me parece -dijo de manera tajante- no tiene vuelta de hoja, ya que quién lo haga y por cierto lo haga bien, tendrá muchas más posibilidades.

La base de la oferta de negocio para la cadena de valor debe ofrecer certeza, seguridad (con *Blockchain*) para el consumidor, debe ser enfocada de manera dirigida basada en sus hábitos de comportamiento cada persona (*IA & BigData*) pero siempre con la mayor flexibilidad de costos y operación (*Cloud*). No se trata ya de hábitos de compra, es hábitos de comportamiento para la oferta, no me importa cuándo compras únicamente, me interesa saber cuándo interactúas, en qué interactúas, con quién interactúas, cómo interactúas, dónde interactúas para ofrecerte con certeza y cuando lo necesitas lo que necesitas (fricción cero).

El nuevo sistema operativo de la banca es Blockchain, con IA y *BigData* en la nube –dice Justino- es decir, no te vayas a clavar en tus cosas sabes –me dijo a modo de reproche Justino y ante mi cara de enojo, suavizó rápidamente– tranquilo, quiero decir que no es Windows, Unix, Linux y esas cosas, no es tecnología sino el fundamento de la expresión: ¡un sistema que opera el negocio!

Atrás quedo ese tiempo donde: "la única cosa útil que han inventado los bancos en las últimas décadas es el cajero automático. Un avance que daba más mérito en el campo de la mecánica que en el de las finanzas". Paul Volcker. Los avances siguen en el esquema tecnológico que Banca, *Fintech* y microfinanzas se pueden y deben beneficiar Héctor.

La verdad es que tanta certeza había en su tono de voz que no quise comentar ni discutir más al respecto, sólo me quedé pensando en sus palabras, sólo acerté a decirle: ¡amigo!, ahora si me dejaste perplejo, por favor déjame meditarlo me parece profundo y en contracorriente de algún sentido, pero lógico de otro…

¡Ya ves! -le dije- ya estoy empezando a sacar conclusiones apresuradas… y ambos reímos de buena gana.

Una prueba de ácido para el modelo de negocio

H. Ortega

¿Si hacemos una Fintech?

Ahora sí estoy preocupado –dijo Justino ayer por la tarde en un mensaje por WhatsApp – Le respondí casi de inmediato ¿qué sucede, te puedo ayudar? Diego el CEO de BancoT (Justino es *Chief Digital Officer* de otro banco) quiere hacer ¡una Fintech! –ante lo cual le dije– fantástico, tengo a la persona correcta con todo lo que necesitas para hacerla, desde la parte legal, normativa, fiscal, *PLD*, tecnología, regulatoria incluyendo soluciones como *Core* bancario, canales digitales y etc., ... Beernnovation me da para eso,es una comunidad del sector financiero Justino –le dije casi eufórico de por fin colaborar con mi amigo–.

Me respondió: Espera Héctor, creo que no has entendido nada... gracias por tu amable oferta, el asunto es que la moda nos ha alcanzado, ahora parece que la cura a todos los males es ¡hacer una *Fintech*! – ambos asentimos en señal de acuerdo -

Si naces digital, es lógico que creces digital y escalas digital, es el nuevo falso credo de negocios – siguió diciendo Justino - es un problema porque parece que la moda de ser digital es por donde van los negocios, mágicamente desaparecerán los problemas actuales– antes de que siguiera con más detalles, interrumpí diciendo, ¿Entonces, asumo que propusiste algo amigo?

¡Claro Héctor! para eso me pagan… –dijo en tono molesto ante una pregunta obvia a una persona inteligente, Justino está asesorando a Diego de BancoT en su esquema digital – le respondí que cuál era la motivación de este movimiento ¿Qué objetivo quieren lograr con una *Fintech*?

La gente cada vez más digital y está la ley *Fintech* – para entonces amigo, una idea cruzó mi mente, tomé aire, me armé de valor para decirle o más bien contradecirle - Diego si me permites, en el primer mes te puedo traer los tres indicadores principales de fricción que tenemos para los clientes que por cierto ya los tengo, sólo que no me hacen caso mis pares donde trabajo y aprovechando que viene desde la parte directiva más alta, la idea es resolver estos dolores que el negocio le produce al canal digital.

¿Cómo ayuda eso Justino? – me dijo Diego un tanto interesado– es una manera de probar el modelo *Fintech*, si el canal digital atiende un 80% de los procesos de negocio, es factible obligar a pasar el 20% a digital. Bueno, le dije que era la prueba de fuego, si logramos resolver un porcentaje de los temas del negocio a digital, podemos migrar procesos a un esquema digital, esto sirve como una prueba de ácido para conocer si tenemos el equipo humano, tecnológico, operativo y etc. para ser digitales al 100%, siempre en el hecho de pasar a digital el negocio.

Si la punta de lanza es un producto digital definitivamente es mejor crear una *Fintech* para tales fines – Diego sonrió y dijo – Muy bien Justino por qué sabes, he estado revisando que parece ser que las siguientes habilidades para ser CEO se basan en un CDO, ¡claro! No se debe obviar las de la vieja guardia de los negocios Justino.

Salí de su oficina, te cuento más tarde cuál es tema, pero definitivamente te adelanto que es crear una *Fintech*, porque es un producto digital como *spin-off* que quieren lanzar los inversionistas, la comunidad de *Beernnovation* suena interesante, por qué la última reunión estuvo interesante, las mesas redondas amigo, felicidades por ese movimiento.

Nos vemos Héctor -saludos Justino le respondí y colgó –.

Así terminó el primer acercamiento de Justino con BancoT, donde terminaría siendo el CEO reemplazando a Diego que se ha convertido en *Chairman* y, crearon juntos un *NeoBank* no una *Fintech*.

Un consumidor en el centro da valor al negocio

Justino

El cliente en el centro no basta

Hola, amigo Justino, te tengo que platicar algo que he venido pensando, me gustaría tu punto de vista al respecto, estoy definiendo una estrategia de empresa para el nuevo año y me encuentro con un dilema, ¿me debo enfocar en el cliente o en el consumidor?

Justino me respondió con tono muy seguro: ¡en ambos claramente Héctor! me justifique diciendo que mi fuerte no es la estrategia de negocios y estoy en vías de aprendizaje. La banca se está enfocando en el cliente como centro de la ecuación -dijo Justino como aclaración- eso es un gran avance, dejamos a un lado las 4P de mar keting para pasar sólo a un cliente y reconocer con humildad que es la fuente del negocio, bueno eso de con humildad no es cierto es más bien por necesidad por la amenaza de GAFAS, BATS y todos esos nuevos jugadores.

Pero en temas digitales, en lo particular estamos un poco más lejos y vamos al consumidor, eso lo aprendimos del *e-commerce,* recuerdas nuestra charla de *bCommerce* (banco como comercio electrónico) pues es justamente la estrategia que estamos haciendo en el banco que trabajo.

Nuestros canales digitales están siendo dirigidos a los consumidores, al momento en que interactúan con nuestro servicio. Los productos se crean para los clientes, el servicio para los consumidores – dice Justino- los grandes jugadores lo saben, no sólo se trata de ofrecer un producto se trata de un servicio alrededor de este ¿recuerdas?, un producto genera ventas y un servicio recomendaciones.

Justino, claramente las empresas crecen a bajo costo si tienen más clientes que consumen y si estos te recomiendan, el comercio electrónico lo sabe, se enfoca en una experiencia 360 grados o un ecosistema pensado en la vida del cliente, como nos comentó Diógenes alguna vez.

En este momento me acordé de una plática que tuvimos Justino y otro amigo que se llama Diógenes quién es diseñador de experiencias de clientes, respecto a una estrategia que usa en su trabajo, donde su área de experiencia es comercio electrónico principalmente y también servicios financieros.

Nos contó que, para hacer presentaciones de sus procesos, la mayoría de los diseñadores –dijo Diógenes–

presentan sus prototipos, bocetos o *wireframe*... en Marvel, Invision o cualquier otra herramienta de este tipo, el asunto es que sólo se muestra un dispositivo móvil sin que nadie lo sujete, nos quedamos con cara de se ha vuelto loco nuestro amigo. La verdad intervino -Justino prontamente– no te estamos entendiendo nada, creo que ahora sí te fuiste muy lejos.

Diógenes lejos de enojarse, nos miró con compasión y nos dijo: los prototipos que se colocan en el contexto nos ayudan a definir y encontrar variables que de otro modo no saldrían a la luz.

¡Un dispositivo que contiene una App financiera, el cuál es sostenido por una persona joven en medio de un centro comercial tiene más implicaciones!, mis muy estimados amigos – nos dijo casi gritando – eso es diseñar un servicio, es la interacción del consumidor en su hábitat natural por decirlo de alguna manera, entender que la red puede ser de baja calidad, que lo distraen muchas cosas, le interesa más divertirse que perder su tiempo revisando sus cuentas, no le importa usar la banca sino satisfacer su necesidad de saber cuánto dinero tiene... en ese momento sólo atinamos a mirarnos y asentir con un movimiento de cabeza en señal afirmativa.

Justino dijo rápido, su interacción es fugaz con el banco ... ¡maldita sea! Perdón, pero seguimos pensando que el cliente se predispone antes de interactuar con el banco, quiero decir que ofrecemos una gama de productos tal que parece que tenemos todo el tiempo del mundo con nuestro cliente.

La oferta de servicio debe ser un *pitch*. Eso lo sabe el comercio electrónico, dijo Diógenes ante la afirmación de Justino, saben perfectamente que su sitio debe cargar rápido y debe mostrar lo que el cliente necesita, identificarlo lo más pronto posible para ofrecer una oferta dirigida, me refiero a identificar no al famoso *KYC* de la industria financiera, sino a identificar si ya nos visitó antes, si ya busco productos antes, si podemos ayudarle a encontrar ese producto que está buscando, la industria financiera lo hace de manera general al revés.

La estrategia del comercio electrónico es ayudar al cliente a encontrar su producto, en tanto la industria financiera le muestra la gama de productos para que el cliente seleccione el que más se ajuste a sus necesidades, el cliente es el mismo, pero el consumidor no. El *e-commerce* sabe que no es necesidad primaria, por lo que no hay tiempo, es fugaz la interacción, se concentra en el servicio y en la manera de extenderlo – dijo Diógenes-

Aquí Justino bajo la mirada dibujando una mueca de desagrado en su cara, ante tal reacción Diógenes preguntó Perdón Justino, ¿dije algo malo? Todo lo contrario, – contestó Justino-has dicho la verdad más dolorosa. La banca por mucho tiempo había tenido prestigio por decirlo de alguna manera – haciendo comillas con los dedos doblados – se le tenía ese respeto, se trataba con esa diligencia, hasta que llegó las *Fintech* y la era digital.

Hoy día ya no es una necesidad primaria de los consumidores, se ha convertido en algo que existe, que debe usarse por mandato del gobierno, por ello tanto auge a las alternativas *Fintech* y criptomonedas, por ejemplo – dijo Justino –.

Regresando de esa charla con Diógenes, a mis dudas de donde concentrarme sin en el cliente o el consumidor, por ello estamos diseñando un ecosistema de servicios alrededor de los productos. Mi comentario es que te concentres en el hábitat de tus consumidores Héctor, no basta el servicio diferenciado porque ese se puede copiar. La apuesta se trata de hacer simbiosis con el consumidor en su hábitat de consumo de tu servicio.

La simplicidad de la oración cobra su factura cuando se pone en práctica, en español decente quieres decir: es más fácil decir que hacer ¿o no? – y explotamos de risa ambos -

Recuerda Héctor:

> *Un cliente en el centro da valor al producto, pero un consumidor en el centro da valor al negocio, una experiencia única se logra con un servicio en el hábitat del consumidor*

“No tengo conocimiento que Google tenga un departamento de innovación”

Demetrio Strimpopulos

La innovación es mala práctica

En un café que me tomé con Demetrio amigo, me ha dicho esta maravillosa frase y te la quise compartir... pero espera hay más, el fondo de la aseveración es realmente genial:

> *"La innovación se debe interiorizar para toda la organización"*
>
> *Demetrio Strimpopulos*

Me ha gustado mucho Héctor -dijo rápida mente- recuerdas que hace tiempo era Gerente de Innovación del Banco A, si claro lo recuerdo, ahí aprendí muchas cosas al respecto de los laboratorios de innovación.

¡Innovación es mala práctica ... cuando no la hace toda la empresa!, por eso me ha gustado la frase, pero es un proceso de paso a paso finalmente,algunos entienden que innovar no es tecnología nada más, muchas veces es el gran factor preponderante en muchas organizaciones. Espera Justino ataje, eso mismo me ha dicho Demetrio:

> *El mandato de tener innovación en productos no digitales por parte del CEO diseñó un camino para la organización.*

Justino no pudo más que sonreír en señal de aprobación –esa idea me parece maravillosa, dijo–. fíjate que te voy a platicar algo que nos pasó cuando intentamos innovar en este Banco, en un inicio buscamos a los interesados y operadores del producto en toda la línea de punta a punta, para proponer una innovación en el proceso.

Tuvimos grandes aprendizajes lo primero que nos paso fue, que el tener tanta gente reunida, la gran mayoría no tenía una visión global sino local, pensando que; si resuelvo mi tramo de proceso, la suma de las partes mejorará el resultado final, eso tiene sentido, diré que sí, pero generó otras dificultades que no teníamos antes, lo que vino a provocar más fricción, decían en tono burlón: ¡están innovando en crear problemas y son buenos!

En la retrospectiva encontramos que la generación de problemas surgió de usar herramientas que la gente no estaba acostumbrada a usar, que lejos de ayudar a los procesos terminó entorpeciendo su labor, en consecuencia, más desacuerdos amigo, la propuesta siguiente era sencilla: ¡capacitación! y se terminarían los problemas o por lo menos aliviaríamos para dar resultados a los directivos -les dije en una reunión-.

Justo en ese momento Héctor, me di cuenta del error que estaba cometiendo y surgió de pronto esta idea en mi cabeza: la innovación no se trata de complacer a los directivos, se trata de incrementar el margen de utilidad en favor de la organización.

Una vez que escuchas innovación, te generas un modelo mental de diversión, de modernización, en los peores casos de tecnología de punta, en nuestro caso particular era dar buenos resultados por mandato a quién nos encargó la responsabilidad, craso error en realidad, tardé un poco en darme cuenta, pero a tiempo reaccionamos, entonces cambiamos el rumbo.

El objetivo de nuestra innovación se trata de reducir costos o incrementar las ganancias. Le escribí a todas las personas de la reunión, les pedí que por favor leyeran la frase y los pasos siguientes serían:

- Leer la frase y entenderla

- Cada iniciativa debería ir acorde al objetivo, si otras personas o áreas lo hacían por motivos distintos estaba bien, nosotros lo hacíamos por el margen de utilidad

- La tecnología es una herramienta no el fin y se puede prescindir de ella

Las personas no lo tomaron muy bien al principio, pero poco a poco cada quién fue dando su punto de vista en lo que trabajaron y falló, terminada la catarsis grupal regresamos al punto de innovar.

Innovar es nada les dije, es sólo una palabra que quiere decir hacer las cosas diferentes para lograr resultados diferentes, pero la amalgama que sostiene este ejercicio es el margen de utilidad, en otras palabras: la razón de cambiar los procesos es para incrementar el margen digital, el beneficio que recibe cada participante está relacionada directamente con la prosperidad de la empresa.

Encontramos que las políticas de la empresa tenían un margen de maniobra para dar a cada participante un incentivo generado por la innovación, en primera instancia no fue económico como pudieras pensar, entonces empezamos con enumerar posibles beneficios personales.

Escribe algo que no te agrade de tu labor diaria, ¿esa inconformidad se puede mejorar? redacta una propuesta, recomiendas el trabajo de… pusimos o su par o su proveedor interno dentro del proceso a innovar. Si los participantes nos com partían su dolor en la labor diaria que impactaba positivamente el proceso, con ayuda de sus pares, proveedores internos o externos, la tecnología o si su jefe podía conseguirlo, se presentó una disposición de cooperación interesante, evidentemente hubo cosas fuera de control y que no tenían nada que ver.

Les hicimos un análisis financiero simple con CAPEX y OPEX del proceso, el margen de utilidad que se obtenía, dejando muy claro que es la fuente de ingresos que sirve para pagar la nómina, apoyaron y detallamos donde se tenían fugas importantes de dinero por un proceso no controlado ni documentado, por ende, no tenía estandarización ni métricas para mejorar.

Una vez que las personas notaron que las áreas de innovación no era diversión, sino que daban un valor a sus día a día poco a poco se fueron sumando a la iniciativa, como dice tu amigo, se interioriza los procesos de innovación en favor de la organización, no se queda en un departamento se convierte en una empresa que innova en todos sus frentes.

Nos convertimos en asesores del proceso de innovación, no en los responsables, lo cual es muy complejo y una carga muy peligrosa ¿por qué dejaste ese puesto? –le pregunté- Tengo trazada una carrera de vida, con objetivos parciales y otros más de largo plazo, quedarme en un área que además es muy interesante no era mi intención, quería escalar hasta llegar a ser CEO, si me hubiera quedado no tendría este puesto, ahora estoy trazando la siguiente etapa de mi vida, para empezar a dar pasos sobre el futuro que quiero lograr.

Aprendí mucho, cosa que ahora agradezco Héctor, pero no quiero ser de las personas que un día amanecen, se dan cuenta que han pasado 30 años de su vida haciendo algo que pudieron disfrutar incluso, pero que representa un riesgo en el tiempo, la especialización en estos tiempos es un tema para discutir ampliamente, me parece que hay que borrar algunos bordes, ser ecléctico y aprender de otras disciplinas convierte tu vida en diversión.

Está claro que te pone en otros problemas, pero te dejan lecciones importantes que debes capitalizar en el corto plazo para que sea conocimiento válido, si me has comentado eso antes, -dije con cierto reproche por el recordatorio –.

Innovar en ti mismo, transformarte digitalmente tú mismo, es el primer paso para ofrecerlo a terceros, -Justino- innovar por innovar; está condenado a una nota de prensa y a morir, está sobrevalorado ya que siempre se ha hecho, es mala práctica si no tiene un sentido para la organización, si quieres una mejor manera de expresarlo.

Te diré en modo positivo, los mejores argumentos de venta de la innovación están en pasado: son resultados probados, medibles, repetibles que incrementaron el margen de utilidad de la organización. Y puedes decir que primero se debe tener presupuesto, que alguien debe dar la orden o instrucciones para empezar, establecer un laboratorio dedicado a ello… claramente vas tarde.

Nosotros empezamos desde nuestra trinchera, nos ganamos el puesto por así decirlo, no esperamos que nadie nos diera la orden, entonces acuñamos la paradoja:

Innovamos en pasado, medimos en presente y repetimos en futuro.

Agilidad puede ser fragilidad

H. Ortega

¡Deberás amar al negocio por sobre todas las cosas!

Justino me comentaba al inicio de la semana de una mala experiencia que han tenido donde trabaja respecto a temas de Agilidad, D*esign Thinking, UX, Scrum, Design Innovation, Google Design Sprint, Kanban, ScrumBan* y demás metodologías que están en boga.

Ese día, todos estábamos muy contentos sabes -inició- teníamos por fin una dirección, una estrategia general para todo el banco: ¡Ágil nos hará libres! O algo parecido pensábamos en ese momento, ya ni recuerdo bien para serte honesto, nos quitamos la corbata, compramos muchos post its con paredes de vidrio donde poner ideas para integrar visibilidad a nuestro quehacer, ¿sabes? el aire tenía un olor a cambio y cuánto nos ilusionó a todos.

Fuimos a capacitación todos los involucrados -casi suspira ante el recuerdo cuando me platicaba de esto Justinode verdad era novedoso y útil, empezamos a tener todas las reuniones, creamos los artefactos, nos corregíamos, comenzamos a cooperar cuando teníamos dudas... incluidas las de la propia metodología ágil... el mundo debía estar listo porque le íbamos a dar con todo y seríamos ¡los reyes del mercado muy pronto!

¡Hay de mí! - suspiro Justino- si hubiera hecho caso a una frase que seguramente tú conoces, es de una escena de una película que es más o menos así:

> *estaban en el campo de batalla de la segunda guerra mundial, el ejército alemán contra sus enemigos en cruenta batalla, desesperados porque no se veía quién ganará, uno de los soldados se encomienda a Dios con todas sus fuerzas, se lanza al ataque, entonces su amigo reflexiona para sí y dice: ¡si Dios está con nosotros!, ¿quién está con ellos?*

Supongo que, ante mi cara habitual de sorpresa, -Justino me dijo - quiero decir, si nosotros estábamos haciendo todo esto, seguro nuestra competencia también lo estaba en lo mismo, entonces: ¡si ágil está con nosotros, ¿quién está con mi competencia?

Pero estoy adelantándome mucho -reforzó Justino con dureza hacia sí mismo- ¡otra vez el mismo error!, deja tomo el hilo del tema nuevamente, sucedió cuando todos estábamos tan listos en la metodología y por cierto pasamos por muchas, porque cada vez se tenían puntos y necesidades diferentes, por lo que se complicaba usar una sola, parecía que ser ecléctico era la mejor idea.

El enfoque de todo el equipo era integrar los artefactos de Scrum que fue la columna vertebral, estábamos mucho más interesados en lograr la definición de sprint, conseguir que las reuniones diarias de pie dieran resultados que propiamente en avanzar en la estrategia del negocio, lo lógico era que si tuviéramos avance... porque tengo una conclusión Héctor — dijo subiendo la voz Justino-.

Las metodologías son muy útiles, pero nuncadebes perder de foco para que las estás implementando. Nos frustramos porque no lográbamos cumplir con la premisa básica, que estábamos seguros nos daría resultados fabulosos una vez que se lograra hacer. Cuando los equipos no lograron ser auto dirigidos, le echamos la culpa a la cultura del mexicano y nos dijimos que tantos años de hacer lo mismo es complejo cambiarlo.

Pero regresando al tema de las metodologías pasamos por muchas de ellas y mejor te platico una anécdota interesante para que te des una idea y no te aburra con tanta palabrería - sentenció Justino-.

Estábamos construyendo un producto digital, definimos el backlog, estimamos con *planning poker*, hicimos reuniones semanales, las diarias de pie con las tres preguntas que se deben hacer, nos funcionó muy bien en la primera fase, eso nos dio confianza para avanzar con pies de plomo... -tuvo un momento de silencio que no quise interrumpir, se veía como rememoraba la historia y me quedaba claro que no era nada sencillo de aceptar- ... pero ¿sabes? -dijo retomando la plática — cuando sacamos nuestra primera versión a los clientes tuvimos otras necesidades que *Scrum* no cubría, comenzamos a sospechar de nuestra bala de plata, -rio por lo bajo cuando terminó la frase - es que así le decimos ahora a Scrum -dijo para explicar la risa — nos quedaba corta, nos faltaba temas de pruebas de mercado, esquemas de innovación de nuevas características, validaciones tempranas del modelo en mercado y todo aquello que en nuestro entender, no entraba ni de chiste en la caja *Scrum.*

Sentimos que teníamos un martillo y le dimos a toda cara de clavo cuando *Scrum* no era para todo. Empezamos a generar pausas primero, luego entendimos que eran parte del proceso, sí se podía integrar incluso con *Kanban*, que por cierto es otra historia que confundimos su pared creyendo que era un artefacto más de *Scrum*, cuando es la herramienta de Toyota para dar visibilidad al trabajo y evitar desperdicios asentada sobre la base de número máximo de trabajo que puede hacer un equipo (WIP: *Work in Progress*) -dijo con tono de instructor Justino –

Imagina nuestro asombro y problemas, cuando integramos *Design Thinking* para buscar alternativas de crecimiento del producto ¿qué artefacto de *Scrum* es ese?,

¡no lo vimos en el curso!, dijo alguien del equipo en una reunión, nos pareció muy válida la duda, al menos en ese momento y así sucesivamente con nuestro binomio.

Por cada necesidad de la metodología, buscamos una parte del negocio que ajustara, para ser honesto, si nos ayudaron y mucho, aunque tuvimos un sentido como equipo muy extraño, con la incorporación de otras metodologías, teníamos la sensación de traicionar a *Scrum*.

Nos enfocamos en tener los artefactos de *Scrum* (tuvimos un shock de agilidad), el objetivo tra zado era tener ágil implantando en el Banco, hasta nombre le pusimos a este equipo de innova ción, después de algún tiempo caímos en cuenta de algo peculiar.

El equipo estaba convencido que *Scrum* es implantar la agilidad y que ser ágil es hacer las cosas rápido. Tiempo después a raíz de que un compañero, tomo la decisión de imprimir el manifiesto ágil lo leíamos y lo volvíamos a leer la primera frase: Nuestra mayor prioridad es satisfacer al cliente mediante la entrega temprana y continua de software con valor.

Bueno, al leer todas las demás frases entendimos muchas cosas, decidimos enfocarnos en los principios más que en los artefactos, la situación mejoró sustancialmente. Agilidad puede ser fragilidad, todo depende del enfoque

que le des,terminamos con una frase que nos gustó a todos: "Deberás amar al negocio sobre todas las cosas y las metodologías".

Decidimos no satanizar a las metodologías — continuó diciéndome Justino- porque la culpa no es de estas sino del enfoque que le dimos, como las utilizamos -guardó silencio hundido en sus reflexiones-, cuando hubo regresado de sus pensamientos, le dije a Justino: para no olvidarlo te parece si hacemos un dibujo con las conclusiones que por cierto me parece muy importantes que han llegado en el BancoT. Entre los dos llegamos a este diagrama:

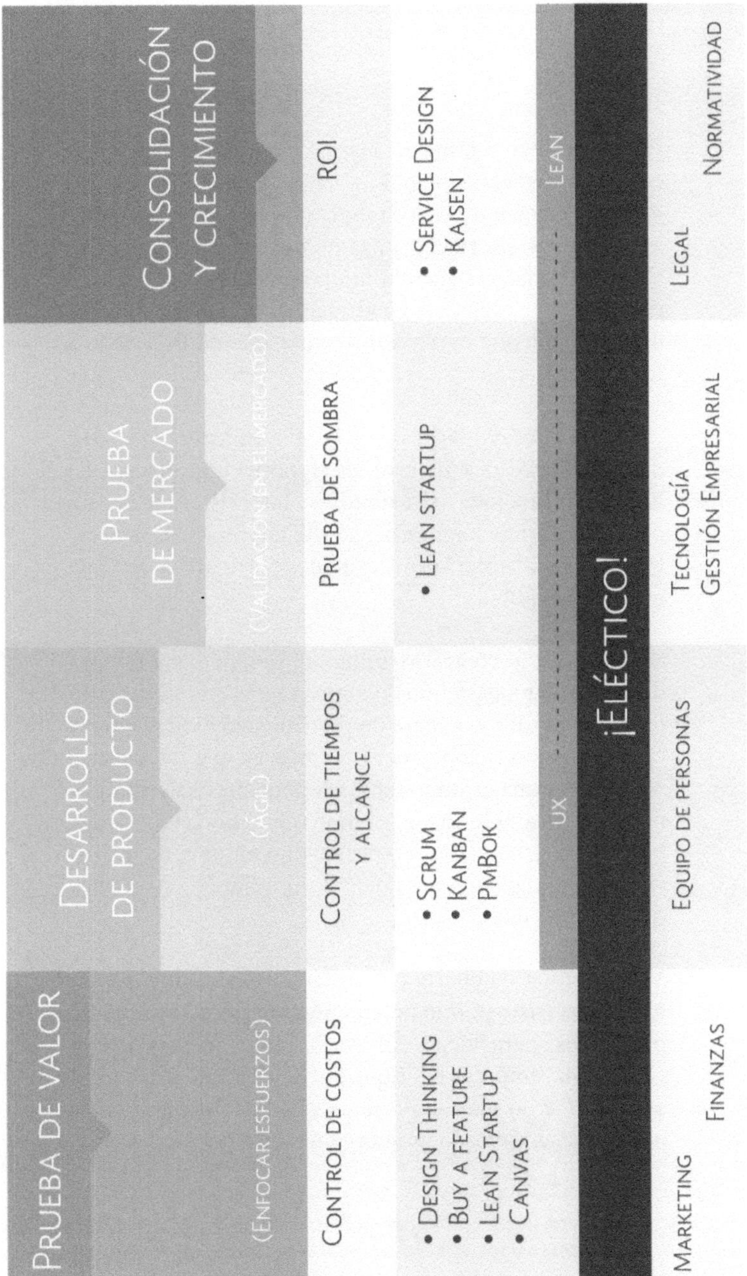
Prueba de valor
(Enfocar esfuerzos)
Desarrollo de producto
(Ágil)
Prueba de mercado
(Validación en el mercado)
Consolidación y crecimiento
Control de costos
Control de tiempos y alcance
Prueba de sombra
ROI
• Design Thinking
• Buy a feature
• Lean Startup
• Canvas
• Scrum
• Kanban
• PmBok
• Lean Startup
• Service Design
• Kaisen
UX
Lean
¡Eléctico!
Marketing
Finanzas
Equipo de personas
Tecnología
Gestión Empresarial
Legal
Normatividad

Podemos decir entonces Justino, la verdad espero no equivocarme: el negocio es quién demanda qué metodología usar, con base en los momentos en que se encuentre y no al revés. ¡Si Héctor justamente! -afirmó Justino- es una aproximación que ahora queremos empezar, ahora el problema es que ... ¿Cómo hacemos para cambiar la dirección sin que parezca otro experimento destinado a fallar?

¡Yo te puedo ayudar! -le dijo el vendedor que llevo dentro- hemos descubierto en Hypertech la manera de hacerlo y funciona, el asunto es: no existe una receta para transformación digital, se sientan procesos generales, pero con base a las necesidades particulares de cada negocio y equipo.

Si te venden lo contrario, es humo fino, pero sigue siendo humo -ambos reímos de buena gana-Sí Héctor y no tengo duda -dijo con cara de preocupación y desesperación al mismo tiempo- pero el tema es que mi BancoT no quiere trabajar con empresas pequeñas sabes, no es nada personal y lo sabes, siempre me enfoco en el valor que pueda generar a la empresa -dijo en tono de justificación que rápidamente entendí y repliqué- ¡ No tienes que explicar nada!

Y así terminó la charla con mi amigo, durante 5 minutos estuve triste por no poder cooperar pese al valor que ofrecemos, para luego enfocarlo como un nuevo reto: ¿Cómo una empresa boutique puede venderle a una gran empresa? Y lo más importante ¿Por qué debería comprarle los servicios la gran organización?

¿Vas a pagar con tarjeta?

Hijo de Justino

La inmediatez es la reina

Hoy fui a comer con Justino, me contó una anécdota que realmente me ha hecho reflexionar sobre unas bases que yo tenía sólidas, el asunto fue más o menos así: la semana que acaba de pasar -inició Justino- fui con mi hijo a comer a un restaurante ¿cuál de los tres? –Interrumpí para ubicar mentalmente la escena- con el pequeño -respondió- el de 5 años -siguió su relato- para que tomará idea de cómo son las normas sociales, lo deje que pidiera la cuenta al mesero, ante lo cual se emocionó y sonrió, lo hizo con muchos nervios, pero siempre de manera amable.

El mesero nos trajo la cuenta, mi hijo atento en todo momento porque ¡era dueño del proceso! – cuál *product owner* dije rápidamente para sumar a la conversación- y reímos de buena gana ante la acotación, sin dejar de asentir con la cabeza, de esa manera que sólo dos grandes amigos entienden …

Mi hijo siguió con los ojos al mesero -continuó Justino-, mientras empezaba a tamborilear con sus dedos en la mesa, primera señal reflexioné después– Justino, ante mi cara de no te entiendo, la cual ya conoce- es que cuando escuches el final Héctor, entenderás a que me refiero, permíteme por favor continuar -lo dijo en un tono de caballero inglés que me hizo sonreír- acto seguido, llegó el mesero con la cuenta, mi hijo no perdía detalle alguno, su mirada seguía el proceso y su desarrollo con sumo interés, una vez que vi la cuenta, saqué mi cartera para pagar, busqué mi tarjeta de crédito y la puse para que el mesero nos hiciera el cobro correspondiente.

Ante esta situación, mi hijo con una clara impaciencia me dijo en un tono plagado de molestia: ¿vas a pagar con tarjeta? al terminar la expresión hizo una mueca de disgusto, me tomo por sorpresa el hecho de que preguntará la forma de pago, luego el interés del proceso, ante lo cual tuve que preguntarle: ¿Por qué lo preguntas hijo?

Mi mirada de ternura, no le afecto en lo más mínimo – continuó diciendo Justino – me respondió con esa sencillez que les da a las personas que saben que tienen razón y su interlocutor no es muy avispado (sentí por un momento que se refería a mí, pero, así como entró el pensamiento salió rápidamente).

Si pagas en efectivo es más rápido, con tarjeta te vas a tardar, en lo que la sacas, la meten en la terminal, se conecta para hacer el pago, luego tienes que firmar o poner tu password, es posible que la terminal no funcione rápido... ¡y ya me quiero ir!, me dijo mi hijo Héctor.

¿Y sabes Amigo? -me dijo Justino con cara de pena- me sentí tan mal de no entender ese concepto tan simple de tiempo, es la otra moneda con que pagas la interacción, no entiendo muy bien que quiere el cliente, lo cual me lleva a un aprendizaje que quiero compartir contigo, todas las familias tienen un asesor digital.

Me refiero, que siempre en todas las familias, hay una persona que le sabe a esto de la tecnología, generalmente es el más pequeño de la familia, donde todos acuden para cualquier consulta en relación con estos temas. Me sentía armado con ese concepto Héctor -dijo en tono confidente-, pero me hicieron morder el polvo, cuando mi hijo le pareció una eternidad y deficiente el cobro con tarjeta.

Aproveche para decirle, el CoDi te va a apoyar con eso sabes, con el uso de QR para hacer pagos o cobros digitales, según sea el actor – Justino respondió con una sonrisa enorme y dijo: puede ser en el proceso con menos fricción, pero cuando ves el mapa completo, se convierte en una buena idea envuelta en una caja frágil y con truco.

La base de este modelo de CoDi es SPEI y su cámara de compensación, me parece que, a raíz de lo ocurrido en temas de ciberseguridad, perdió unos puntos importantes de velocidad y credibilidad.

El punto más fino es el fin de este modelo, que me parece que lo ven con la siguiente igualdad; inclusión Financiera es igual Bancarización, no dicen Fintechización igual a Fiscalización.

Bajo este modelo es complicado, Justino, disculpa que te interrumpa -empecé diciendo con teatralidad fingida- te cuento una pequeña reflexión que me he hecho el lunes por favor. La señora de la esquina que vende fruta, me parece que, si puede usar CoDi sin problema, con ayuda de su asesor digital de casa, puede llegar a entender cómo funciona y empezar a usarlo, no me parece que haya una barrera de adopción, donde si la veo natural y muy inevitable es cuando la señora tenga la siguiente necesidad.

Imagina que ya terminó el día, de manera indudable requiere invertir de nuevo en mercancía, si le dices a esta señora que, para pagar a sus proveedores por la tarde, tiene que ir al banco es altamente probable que su modelo ya no funcione, como dijiste – le dije para recuperar su atención– el tiempo es una moneda de cambio.

Si vemos todo desde mil pies de altura los elementos del contexto sabes, -por fin asintió Justino en señal de aprobación, me sentía muy bien y gané confianza para decir más- no se trata de pagar o cobrar de manera simple únicamente, se trata de *Cash in / Cash out* del stakeholder para la señora CEO del negocio de frutas en la esquina.

¡Exacto! – ahora convencido de su afirmación – es el asunto justamente, el modelo debe cumplir con varias expectativas, pero todos los stakeholders deben estar involucrados te digo algo más, la inmediatez es la reina del modelo, no se trata de la digitalización dirigida a *millennials* o de otra generación, se trata del cómo, es su modus operandi, lejos de su identidad muy cerca de sus hábitos subrogados por herramientas, es decir, sólo existe mi expectativa está dictada por mis hábitos, si ya fuiste tocado por una herramienta, tu hábito espera una experiencia congruente con la inmediata anterior –dice Justino-.

Ese día hablamos mucho, tenía un buen de tiempo sin vernos, nos pusimos al corriente en muchos aspectos, me contó Justino sus puntos de vista acerca de transformación digital, hablamos de esto largo y tendido, me dejo realmente perplejo como entiende.

Un punto que admiro de Justino es su capacidad de sintetizar y poner taxonomía a su quehacer, simplifica y reflexiona para acto seguido: ejecutar. **Por cierto, cualquier parecido con la realidad o alguna conversación… doy fe que es mera coincidencia.**

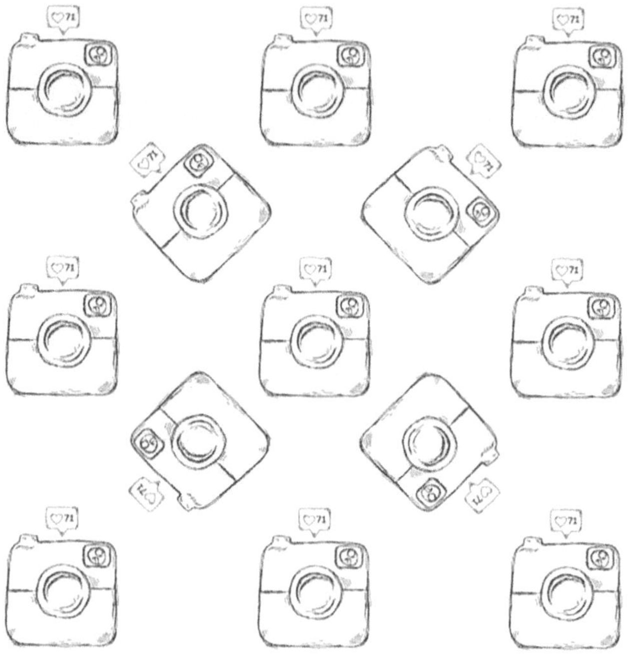

¡Estrategia Instagram!

Hijo de Justino

La WEB ¿El patito feo?

Ahora yo fui quién le habló a Justino, le marqué y por fortuna logré que me respondiera. Hola, amigo – saludé – ¡amigo que gusto! – Respondió con cierta emoción mi interlocutor – debe ser algo importante para que me llames y por ello me doy tiempo–. La verdad sí mi estimado, me pasó algo que me ha hecho pensar mucho y quiero compartirlo contigo, ahora que vas a ser todo un responsable de la Transformación Digital de BancoT.

¡Pues adelante, dime! – Respondió en tono serio Justino –me apresuré a relatar la parte interesante de mi reflexión para que tuviera más tiempo de su parte, le dije esto: en un banco importante grande, están en plena transformación digital y ya empezaron con la primera herramienta para tal fin.

Me han tomado en cuenta para lanzar laherramienta de atención a clientes con base en su transformación digital, es un área de oportunidad, lo cual no es tema menor porque es una gran queja de cualquier banco, esta herramienta pretende tener un acercamiento más directo con las personas, la cual celebro con bombo y platillo.

Logré verla, revisarla y la verdad me dio una impresión interesante, útil, en definitiva, la decidí usar para un proceso que tengo pendiente con el banco en cuestión, todo era buenas noticias…. pero me pasó algo que me hizo caerme de la silla –ahora hice una pausa teatral, para esperar que a mi interlocutor le surgiera más curiosidad en torno a mi plática – Justino se quedó callado por un momento, al no recibir respuesta de mi parte, me dijo con intriga: ¿dime que fue?, ya tienes mi total atención.

Satisfecho por lograr interesarlo, le solté lo que pasó con una frase simple, algo como esto, ya tengo una App de tu banco ¿por qué tengo que regresar a tu web?

Justino respondió casi de inmediato, sin esperar explicación alguna de mi parte, demostrando su gran capacidad intelectual – ¿regresar Héctor?– dijo con un tono especial y más fuerte en la palabra regresar, antes de que diga nada, ¿por qué llegaste a esa conclusión?

Es que, al web de este banco, no he ido en meses literalmente –respondí con emoción - su App es tan completa que no lo necesito, me da flojera abrir su web que por cierto se ha quedado atrás en el tiempo, pero me estoy adelantando, te detallo el cómo llegué a esta reflexión.

Al entrar a su web, le quité el polvo a mis credenciales de ingreso sabes, para la App entro con huella, no tengo idea de cuál es mi contraseña, el web me hizo que la buscara, primera barrera en la experiencia, una vez dentro, tuve que buscar la opción, ya dentro sucedió algo tan mágico y terrible a la vez.

Como puede ser que al tener una pantalla tan grande (web), tengan que ocupar toda la pantalla, atiborrar de cosas, cuando tienes una App hasta le piensan un poco más y al ser más pequeña, se piensa en lo esencial, se prioriza por uso o utilidad, no entiendo. Pero no perdí la fe, seguí ya que es una gran idea el concepto que están ofreciendo, terminé de integrarme a la herramienta, me quedé con la sensación de que es útil para los clientes y todo iba perfecto hasta ahí.

Pasaron un par de semanas, como cliente beta me han buscado para mi retroalimentación del proceso, cuán grande fue mi propia sorpresa, ¡que olvidé por completo ir a su sitio web!, es que la App es suficiente, pensé: ¡por qué no está también en la App!, entiendo que es BETA, es parte del proceso, lo que me llevó a la reflexión que te quiero compartir.

Ir a un sitio web financiero, es como regresar en mis hábitos, en la App tengo lo que necesito, no entiendo para que volver al web.

Me explico por favor –dije, para no permitir que Justino hiciera análisis de ningún tipo- cada vez que necesito conocer mi saldo, hacer transferencias, pagar y etc., el banco ha hecho un gran trabajo con su aplicación, me sirve perfectamente para ello se me ha hecho costumbre no ir a su sitio web para nada, al punto que no recuerdo mis datos de ingreso. Y me pregunto: ¿las Apps han jubilado al web, tener lo mismo en ambos, no será competencia interna?"

Quizá sea momento de buscar una manera de extender la experiencia, dejar de tener dos puntos de contacto que hacen lo mismo y para colmo de diferente manera, es arriesgado Héctor – replicó– pero viendo la relación costo-beneficio, es momento y un buen pretexto para sumar valor a la idea, veamos se me ocurren tres cosas, así de pronto sin tantas vueltas.

A la web, le cabe más información a la pantalla, eso puede ser un gran punto de partida, debemos aprovecharlo, espacio. Los clientes tardan más en un web que en una App, tiempo. Hay más atención del usuario en un portal web, que una aplicación por las dos variables anteriores, ya que su distracción es menor, interacción.

La idea es encontrar con esas variables una postura y una propuesta, es probable que no sean las variables adecuadas, podemos partir de validarlas, pero el proceso si tiene sentido: variables y luego propuesta. ¿Y sí? el canal web pudiera sorprender de nuevo, si debiera ser paulatina su decadencia e incluso contribuir a su jubilación... dijo Justino.

En este momento sentía que perdía a Justino, me molesta cuando no puedo seguirle en sus elucubraciones, supongo que, a falta de comentarios, él mismo me sacó de mi molestia diciendo, te explico, ¡tranquilo! mire usted. Si el sitio web promociona a que se usen Apps, enfocaremos nuestros esfuerzos a hacer un canal memorable, pero sin duda habrá clientes que aún necesitan del portal web, ahora hablamos estrictamente de personas físicas, las morales son en definitiva de otro modo operativo.

¿Y el canal web que puede hacer? Debe crear un océano azul donde no tenga que competir con nadie, dada sus variables sean incapaz de competirle, siempre sumando a la ecuación del negocio –se preguntó y respondió Justino– yo seguía pensando en que podía ser, debo confesar que casi me arrepiento de mi reflexión inicial, no se me ocurría nada que pudiera justificar tal locura, se me ocurren varias ideas dijo Justino regresándome a la conversación, pero una interesante puede ser.

¡Una web con el principio Instagram! – me gritó Justino– lo que hizo que alejará por un momento la bocina de mi lastimado oído, segundos después volví – muy impresionado me quedé atento a lo que me dijera, he aprendido a callar ante los genios-, me enumeró las ideas para que las tuviera clara y añadió.

Principios web *Instagram*:

> La web promueve al 100% su App y te invita a instalarla, si te quedas, puedes explorar la otra parte, una alternativa en la banca quizá es con *Open Banking*, me parece que ahora la experiencia web te invita todo el tiempo a huir a la App.
>
> En la web de Instagram está la información de la compañía, puede ser útil porque no compite, imagina la cultura del banco que sume al *marketing* de productos y *engagment* de clientes.

¡Amigo! me tengo que ir, me tardé mucho hablando, te ofrezco disculpas, pero como estoy en la estrategia de este nuevo puesto en BancoT, necesita mi atención, disculpa por favor –nos despedimos, no sin antes agradecer su magnífica charla–

Me quedé hundido un buen rato, en lo que Justino me dijo, primero lo apunté para tratar de no perder un momento de la charla y luego la repasé para aprender un poco más. ¡Estrategia Instagram!, que loco… la parte interesante es la cantidad de cosas diferentes que se le ocurren... ¿no crees?

...cubrir necesidades envueltas en una experiencia de cliente…

Justino

La necesidad detrás de la necesidad

Héctor –dijo Justino mirándome fijamente apenas llegamos al restaurante– la semana pasada en la reunión de planeación, estuvimos haciendo un ejercicio interesante con un consultor y te quiero platicar como ha ido, ¡encantado amigo! –respondí entusiasmado–.

Nos hizo una pregunta para empezar el ejercicio, estábamos reunidos la primera plana de BancoT y mucha gente que invitamos de atención a clientes, producto, sistemas, marketing, legal y todas las áreas del banco. Puso en el pizarrón, esta pregunta: ¿por qué existe un banco digital?

En total éramos unas 15 personas en el ejercicio, algunos se quedaron mirando la pregunta como para tratar de entender o encontrar el truco que al parecer envolvía la pregunta. El consultor ayudó diciendo: ¡no es una pregunta capciosa les puedo asegurar! es real, desde mi punto de vistano experto en este sector, me interesa conocer su punto de vista, les aseguro que es la razón del ejercicio.

¿Por qué existe un banco digital? –repitió en voz alta – vamos levanten la mano y opinen por favor, es importante saber que piensan desde su posición en BancoT. Hubo de todo, muchas opiniones surgieron, el consultor hizo un resumen para estar de acuerdo todos y esto es lo que quedó.

La banca digital existe porque a la gente no le gusta ir a la sucursal –todo esto lo tenía escrito Justino y me mostró las fotos -¿Por qué a la gente no le gusta ir a la sucursal? –preguntó el consultor- Porque atienden mal y pierden su tiempo –fue la respuesta un poco más rápido-, arremetió de nuevo y empezó a poner nerviosos a los participantes …

¿Por qué las personas tienen la sensación de perder su tiempo? Por qué los procesos son lentos y son pensados para sucursales físicas –dijeron los asistentes, aunque tardaron para ponerse de acuerdo.

¿Por qué estos procesos siguen siendo iguales?, porque cuando nacieron, sólo existían las sucursales físicas y se han heredado de este modo – dijeron un poco más entretenidos, nerviosos por el rumbo que seguía el ejercicio, después dijeron su conclusión, pero no adelanto los hechos y sigamos fieles a su aparición

¿Y por qué ahora en una era digital, se hereda lo analógico? Es una técnica de los 5 porqués, nos ha dicho el consultor, la conclusión es simple: ¡hemos descubierto lo obvio y nos hace sentir estúpidos! No ha dicho nada sólo nos ha puesto esta imagen: "No encuentres clientes para tus productos, encuentra productos para tus clientes".

En esta era digital la congruencia sigue siendo importante:

> *El cliente necesita productos digitales con operación digital, tener operación analógica es incongruencia.*

Surgió a colación un ejemplo, nuestra App donde has incorporado CoDi. *La UX* está sobrevalorada, lo que importa es cumplir con la necesidad a pesar de la experiencia y no al revés -dijoJustino-.

Con este ejercicio, hemos llegado a la necesidad detrás de la necesidad –dijo Justino– ¿y cuál era la necesidad?, a todo esto –pregunté- un ejercicio de experiencia de usuario para mejorar nuestra *App* amigo. Tuvimos durante mucho tiempo la idea que lo importante era la experiencia, cuando regresamos en el ejercicio de los 5 ¿por qué? hemos descubierto que satisfacer la necesidad es lo importante, se recomienda a pesar de la experiencia, pero la experiencia no cubre la necesidad del cliente, sólo la envuelve.

Lo importante era la novela de las 20:30 que veía religiosamente

Justino

Enamórate del problema no de la tecnología

Esta charla ocurrió en una comida hablando de la familia y la inseguridad que vivimos, recordamos que cuando éramos niños las cosas eran diferentes, surgió este tema de sus vecinos de Justino. Cuando era niño –me dijo– en la colonia donde vivía, tenía dos amigos de mi edad en la misma calle, todas las tardes nos reuníamos a jugar futbol y platicar.

Y por las noches, mi vecina Laura tenía un ritual que me llamaba mucho la atención, a su esposo le decíamos todos Pancho y trabajaba de chofer en un taxi... años más tarde me enteré de que se llamaba Raúl y no Francisco, pero ese es otro asunto. Llegaba por ahí de las 20:00 horas, cuando ya estaba cayendo la noche, por lo que nos metíamos a la casa de mi amigo.

Apenas escuchaba la Sra. Laura el taxi de su esposo entrar, empezaba a preparar la cena todo aquello que podía comer a esa hora, pero de manera literal.

Le ponía su comida, tortillas suficientes, un vaso de leche, una taza de café, una taza con té, un vaso con agua, una jarra de agua, sal, azúcar, servilletas, postre, una cerveza bien fría, arroz, un plato con sopa caliente, pan, galletas y cuando Pancho llegaba al comedor, le decía: te dejo comer por favor, ahí tienes todo lo necesario y se iba.

¿Pero por qué se iba? -pregunté lleno de curiosidad-. Para ver su novela, a las 20:30 horas que veía religiosamente todos los días y claro que no podía perderse. Entonces -seguí intrigado- su marido tenía que elegir que comer, si se enfriaba era por no apurarse, es más creo que con semejante manjar delante se te van hasta las ganas de comer. ¡Exacto!, y eso pasa con la banca amigo -respondió Justino-

No entiendo Justino, ¿qué tiene que ver la banca con tu vecina y su manera de darle de cenar a su esposo? El primer mes que laboré en el banco, sucedió lo siguiente; cuando llegué me integré a un proyecto de *Big Data* donde llevaban ocho meses definiendo, revisando el alcance de este, a cada mes que pasaba más detalles y más cosas que construir encontraban, eso los tenía preocupados, no podían terminar ni siquiera el requerimiento –dijo Justino–.

Estuve observando con paciencia durante un mes y medio que hacían, que discutían sin envolverme tanto en sus decisiones un mero observador, es más pensaban que era medio tonto por qué sólo los miraba, no opinaba nada, escuché rumores de que mi contratación era un fallo total, ¡de qué sirve sino aporta nada!, escuché alguna vez decir a algunas personas del equipo.

Al terminar ese tiempo y viendo que era gente muy preparada, técnicos maravillosos clavados mucho en análisis matemáticos predictivos, usaban términos que no entendía debo confesar, un día llegué temprano, como ya no me hacían mucho caso apenas empezaron a deliberar que nube usarían para procesar los terabytes y terabytes de información, el costo que implicaba. En este punto me interesé, pero no hablaban de costo financiero me enteré después, sino costo computacional.

¿Me pueden decir el objetivo del proyecto?, les dije fuerte, me puse de pie acto seguido, para darle realce a mi postura y valor a mi pregunta, la repetí una vez más cuando ya tenía su atención, un silencio de unos segundos, rápido el líder natural del equipo respondió. Procesar 4 terabytes de información que produce el banco para apoyarles en la toma de decisiones.

¡No! -dijo otro- es procesar por lo menos un terabyte para que la gente de crédito tenga el dato de los clientes morosos. Eso fue el principio -respondió el primero- ahora sabemos que podemos tener más poder de cómputo, hay que aprovecharlo ¡para eso somos el equipo de *BigData*! -dijo orgulloso y algunos asintieron con la cabeza-.

Es encontrar un modelo predictivo de crédito - dijo otro- pero como estamos viendo el esquema técnico apenas, luego decidiremos que hacer con ello ¡recuerden! -le urgió al equipo, se miraban desconcertados una pregunta tan simple los llevó a entender muchas cosas diversas-.

Después de darles la explicación que eran grandes personas, muy capaces, en un mes y medio dieron cuenta de ello –les dije-. ¿les parece si les presento una manera de encontrar valor a nuestro equipo?, dije con énfasis de ser partícipe del problema, como no muy convencidos asintieron.

Imaginen que todos aquí ya somos amigos, queremos irnos de aventura a Europa, por ejemplo, digamos 20 días de viaje en plena aventura –se movieron en sus sillas, pero con atención– entonces lo primero que investigamos es la cantidad de dinero que requerimos, asumiendo que ya tenemos el tiempo, las agencias digamos nos dicen que es un total de $20 mil USD para todos los 20 días, el precio incluye todos los gastos necesarios.

Pregunto ahora ¿tienen ese dinero para el mes siguiente? La totalidad respondió que no nervioso por tocar el tema financiero, entonces vamos a solicitar una tarjeta de crédito -dije- ¿les parece bien? convencidos o no, tomando en cuenta que era un mero ejercicio dijeron que si finalmente –busquemos entonces en un banco dije-

Entramos a la banca en línea del banco que por aquél entonces trabajaba, encontramos esta oferta–dijo Justino mientras me enseñaba una foto en su celular– (hemos cambiado la pantalla para no herir susceptibilidades, pero para cualquier banca aplica de cualquier país, sólo escribe crédito y verás que pasa, esto para ejemplificar el problema que plantea Justino).

Elegimos un banco de nuestro vecino del norte, la cosa no es diferente, buscamos en su web tarjetas de crédito, luego buscamos la oferta a más detalle, ¿me pueden decir que tarjeta elegir? –dijo a la gente del equipo Justino- entonces me sentí como Pancho el papá de mi amigo de la infancia, donde tenía toda la oferta, por lo que debía entender el tipo de crédito a elegir y también las condiciones de cada producto.

El cliente debe entender el mismo lenguaje que el banquero: tal es el paradigma actual -dice Justino-. El equipo estaba interesado, ahora tenían más sentido mis palabras, estaban perdiendo el tiempo con la herramienta en lugar del problema – concluyeron-.

Enamórate del problema no de la tecnología -dice Justino-. Cambiamos el enfoque, el equipo empezó sin decir palabra alguna una alternativa para que el cliente no tuviera este problema, pero siempre pensando en la fricción que acaban de vivir.

Me enteré después de que estuvieron a punto de quedarse sin trabajo, el CEO no estaba contento con tanto gasto sin resultados durante ocho meses, a partir de este ejercicio, nos tomó un mes dar una alternativa que incrementó en un 30% la contratación del producto de tarjetas de crédito, con un costo adicional muy bajo y una efectividad que se pueden seguir mejorando sin duda.

La moral del equipo cambio Héctor –dijo Justino- ahora están más interesados en encontrar los problemas que una solución.

Acabo de descubrir que una enfermedad mental, se ha colado al sector "Financiero -me dijo Justino ayer por Telegram–

El banquero bipolar

Sé bien de su afición por la psicología y no me extrañó para nada el mensaje, me dio una curiosidad intensa, sentí que era demasiado importante para sólo dejarlo en un mensaje y tuve razón. ¿Cuál es esa enfermedad? –Y en una llamada telefónica le he preguntado a Justino- mejor te digo los síntomas Ortega, creo que la padezco que es lo peor. Me parece bien, ¿cómo que la padeces?, ¿es grave?, ¿se cura?, ¿cómo supiste? –y así una larga serie de preguntas de preocupación genuina ante la enfermedad de mi buen amigo–.

Espera, tranquilo –respondió Justino– no es grave o bueno depende debo decir, pero mejor para no generar más angustia te platico los detalles –accedí y esto dijo– Tiene tres síntomas muy visibles, que se pueden identificar sin margen de error y son:

1.- Hipomanía: -dijo para iniciar, la verdad me sonó a una persona con hipo, pero no pregunté, esperé más información– Esto quiere decir un estado elevado de energía y creatividad, tal es el término técnico –dijo como si leyera mis pensamientos–.
Un ejemplo, para dejar claro cómo es este síntoma es cuando estás en una reunión de definición, te conviertes en la persona más hiperactiva de la sala, quién opina, dirige el rumbo, orienta, marca la pauta, acelera y motiva para lograr los objetivos -pero eso lo hace un jefe de manera general, dije interrumpiendo el relato– debo decir que donde se observa más es en este tipo de personaje -respondió y me empecé a dar una idea, por donde iba este asunto de la enfermedad– pero lo malo es que este estado sólo dura unos minutos y produce el segundo síntoma.

2.- Falta de concentración: Dado que se ha gastado mucha energía por el primer síntoma, el sujeto pierde concentración con facilidad y empieza a hacer un millón de cosas, no termina ninguna, todo lo que trabajó en la reunión se convierte en secundario o invisible.

3.- Irritabilidad extrema: Lo más peligroso es el tercer síntoma, le vienen períodos de un mal humor extremo sin razón aparente.

Para que te des una idea, te platico de los síntomas que padezco con lo que me pasó amigo:

> Hoy me levanté y el Uber decía que llegaba en 3 minutos, pasaron 4 y no llegaba, me puse tan de malas que le grité a mi esposa, no me despedí ¡maldita sea! Se tardó un minuto más de lo que dijo… para colmo le mando mensaje ya en camino a mi CTO, este me deja en visto en WhatsApp ¡qué rayos les pasa!, no me dio tiempo ni para desayunar por este terrible retraso por lo qué, pido por Rappi un desayuno ligero, el camino a la oficina dura 35 minutos, me dicen que en 32 llegan ¡justo a tiempo me digo!, tendré a tiempo mi desayuno apenas llegue a la oficina, me han marcado por teléfono, he perdido la concentración olvidando el desayuno.
>
> He llegado a tiempo a la oficina, mi secretaria me pregunta: ¿ya desayunó Señor Justino?, entonces me acuerdo del pedido y este llega retrasado 8 minutos ¡qué le pasa a toda esta gente!, como es posible que no cumplan su promesa de tiempo, me sube la cólera de tal modo, que abro Twitter, pongo mi queja para que todos sepan que no cumplen… ¡faltaba más!
>
> Cuando llega el pedido de Rappi, veo que me han cobrado mal, el cargo a mi tarjeta de BancoT está incorrecto, vaya ¡sólo esto me faltaba! –digo para mis adentros – le pido a mi secretaria que me busque a Jaime,

quién es el director de operaciones para revisar este tema de mi cargo. Llega a mi oficina, amablemente me comenta que, este tipo de aclaraciones tardan 30 días y me dice: se te cobra si es improcedente Justino, estoy tan bajo de energía que sólo hago una señal de acuerdo con la cabeza.

Al terminar el día me dirijo a casa, antes paso por un ramo de rosas para mi esposa y espero no siga enojada por mi berrinche matutino, entro le doy un beso furtivo, ofrezco las flores en señal de paz… me mira y baja la vista mientras pregunta: ¿se te bajó el berrinche Justino?

Iba a empezar a dar explicaciones, levanta su mano con la palma enfrente en señal de: ¡Detente por favor!, obedezco fielmente, mientras alza la vista lentamente, vamos, platícame tu día Justino –me suena a orden más que a comentario–. Le cuento los retrasos de Uber, el de Rappi el colmo del pago equivocado, pero que ya está con aclaraciones y en 30 días me dirán el resultado.

¡Eres un banquero bipolar! –me grita en la cara con una sonrisa apenas contenida- ¿De qué hablas? –respondo indignado y herido en mi autoestima, aunque sentía mucho de verdad–, ¡te quejas por unos minutos de retraso de Rappi y Uber, pero aceptas 30 días de espera en BancoT Justino!

Exiges por un servicio externo, fallas de manera monumental con el que ofreces y lo que es peor, ¡lo aceptas como un hecho!, no supe que responder, se marchó dejándome hundido en reflexiones a punto de llamar a mi equipo … regresó me miró y dijo: ahora es tiempo de cenar, mañana será otro día… mi amor –la dura lección es mi castigo–.

Héctor -dijo Justino para terminar – ¿conoces alguien como yo? Te digo para hacer un grupo de recuperación de Banqueros Bipolares.

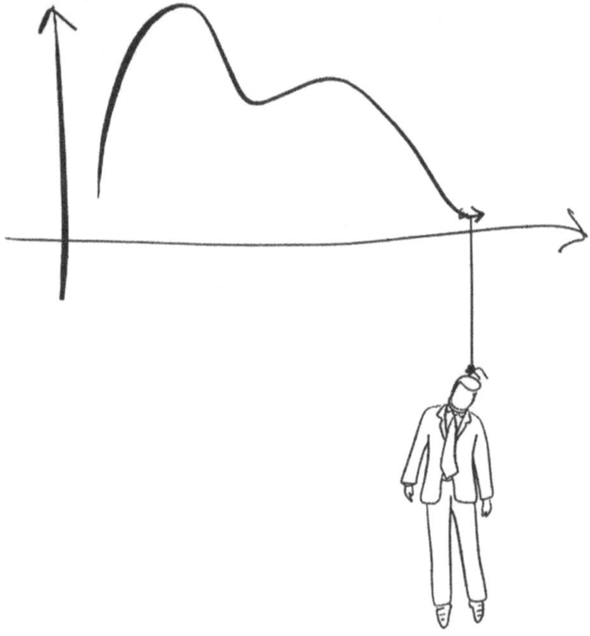

Y tú misión es ¡ser su verdugo!

Diego

¡Hay que matar el negocio!

Tal es el mandato que le dieron a Diego el Chairman de BancoT... pero creo que ya lo arruiné, mejor ¿qué opinas de este mensaje? La verdad Justino, ni idea de qué pensar, te marco mejor, ¿Tienes 5 minutos? –adelante dijo-.

Diego me ha platicado su historia, –dijo en tono muy emocionado Justino– de la razón del nacimiento de BancoT y su apuesta a ser un Neobank ¿te interesa escuchar?, ¡por supuesto que sí! -le grité-.

La historia es la siguiente... Diego era CEO de un banco experto en inversiones, bueno más dedicado totalmente en el nicho de inversiones, como una Banca Privada como modelo de negocio, el cuál sin duda era muy rentable en la historia y en el futuro cercano la tendencia seguía igual...hasta ese año 2017 que todo cambió.

Corría el 14 de marzo del 2017 y el consejo de administración ha citado a Diego, quién llevaba ya 29 años como CEO de este banco, todo un viejo lobo de mar en el sector financiero, ese día parecía ser como cualquier otro a pesar de la junta extraordinaria del consejo, eran conocidos todos, se podía decir que hasta amigos, Diego ya tenía muchas horas de vuelo para estar siquiera alerta… mala señal se dijo para sí y empujó la puerta del salón de juntas con la decisión que te da los años, pero que has pagado con un costo alto de falsa seguridad, con ese sentimiento sobre los hombros inició la reunión.

El *Chairman* de ese banco experto en inversiones inició con esta cita: "Si no matamos nuestro negocio existente, alguien más lo hará. Así que prefiero ver que nuestros nuevos negocios maten a nuestro negocio existente". -Jack Ma, Alibaba-

Diego me dice que sólo sintió un vuelco en su corazón, esa falsa seguridad se esfumó por arte de magia, el cosquilleo que sentía era rejuvenecedor y le agradó, tuvo que contener una breve sonrisa para no delatarse, puso total atención al mensaje del *Chairman.*

Tenemos dos grandes amenazas sobre nosotros, nuestro modelo de negocio y siguiendo a Jack Ma prefiero ver que muere en nuestras manos, partimos a otro lugar que ver como alguien más lo mata –estas últimas palabras pusieron a la defensiva a Diego– el *Chairman* continúo diciendo:

una variable que se mueve fuerte en el futuro es el cambio en temas de regulación normativa, eso es por un lado y si bien es fuerte no es la única.

La otra gran amenaza es el tiempo, inevitable tiempo –repitió el *Chairman*– que no perdona y avanza sin cesar – en tono melancólico de alguien quién la juventud no es más que un recuerdo del pasado–, nos ha llegado el último informe de la cartera –Diego conocía perfecto esos números y sabía de la amenaza, pero no tenía bien a bien la sensibilidad de esta–.

El *Chairman* apenas terminó sus primeras frases, recuperado de la nostalgia y mirando como adivinando el pensamiento de Diego dijo: y aquellos que no se sensibilizan de estos números, no es su culpa, es sólo que no es su dinero, sólo es su trabajo. Diego se sintió avergonzado por el comentario, pero sabía mantenerse firme ante las tempestades, pocas no habían sido en todos los años al frente de ese banco, la paciencia siempre había sido una de sus mayores virtudes.

Eso tiene solución siguió el *Chairman,* Diego tenemos dos misiones para ti – dijo mirándole fijamente con cierta emoción-, la primera; ¡vamos a matar el negocio! y tú misión es ¡ser su verdugo!, la segunda; para que tengas un incentivo claro, serás socio de esta nueva organización, serás CEO y luego *Chairman* cuando tengas un reemplazo. -Entendí ahora todo lo que Diego significa en la vida y el trabajo de Justino-.

Sin esperar respuestas a ninguna de las dos misiones, el *Chairman* continuó: nuestros inversionistas tienen una edad promedio de 65 años, eso quiere decir que en una década estarán por ceder su dinero a las nuevas generaciones, la amenaza son los hijos de estos clientes, su edad promedio oscila entre los 35 y 40 años, su mentalidad es diferente a sus padres y sus decisiones con respecto al manejo del dinero… es lo que nos tiene pensativos debemos actuar en consecuencia.

"Sus padres buscaban experiencia, los hijos buscan experiencias", y esa letra "S" hace la diferencia con la relación que tienen con su dinero, - siguió diciendo el *Chairman* - para ello queremos una nueva organización que nos permita tener una oferta para estos nuevos jugadores.

Hemos concluido que necesitamos reunir tres factores para que tengamos éxito:

1. Experiencia en inversiones: Necesitamos al dueño del NO

2. Negocios digitales

3. Total independencia de este banco

Por eso fundaron BancoT, nombraron a Diego CEO, acto seguido buscó su reemplazo para ser *Chairman* de esta nueva organización, ahora tienen clara la misión:

Queremos ser la empresa experta en un público joven, ofreciendo un esquema de inversiones que les ayude a tener más experiencias.

Podemos usar al banco de inversiones como un BaaS (*Banking as a Service*), pero nada más, tenemos independencia y responsabilidad de nuestra salud financiera, los socios nos demandarán rentabilidad en 5 años de su inversión, por ello nos mudamos de oficina, tenemos nuestras propias políticas y procedimientos lejos ya de la banca tradicional.

Por eso estás aquí Justino –dijo Diego– para lograr el objetivo que nos ha trazado, darle una visión orientada a la inmediatez y economía de la experiencia en que vivimos.

Eso fue ayer –dijo Justino para terminar– Diego me ha contado como ha ido esto de BancoT, para donde vamos y los objetivos del negocio.

Me quedé intrigado con una frase "El dueño del NO" ¿Quién era este personaje? le pregunté a Justino, quién me miró, se río y dijo: ¡Lo estás escuchando!

¡Una sola letra te puede cambiar la vida!

I■I

El cambio de mentalidad de Justino (CDO a CEO)

Le felicité efusivamente a mi amigo lleno de orgullo por su nuevo puesto- pero aún más interesante es que te haya obligado a cambiar la mentalidad mi estimado. Así iniciamos una charla más con Justino, ahora le han encargado una nueva responsabilidad, esta vez tuvo un cambio radical en su vida y su mente, inicio siendo desarrollador de sistemas, líder de proyecto, Gerente, ha sido Director Digital, Director de Innovación y CIO de un Banco, ahora dada su experiencia, al parecer el *board* entiende que el negocio ahora es digital, lo han nombrado CEO de BancoT, que es la empresa donde ahora labora.

Me citó Diego en sus oficinas amigo, él es el *Chairman* del grupo empresarial al que pertenece BancoT, es mi jefe en pocas palabras y la reunión se tornó algo así: ¡Hola Justino! –me saludó muy cordialmente– como primera instrucción de tu nuevo puesto, necesito que me ayudes a definir la estrategia de BancoT para los siguientes tres años y apenas la tengas la revisamos en conjunto ¿te parece bien?

Claro Diego, la preparo, te busco la semana siguiente para detallar y afinar puntos por favor –nos despedimos-, iba muy contento, apenas salí de su oficina, empecé a maquinar ideas, conceptos, tenía presupuesto para hacer muchas cosas, por fin mi momento, sentía que dejaría huella y me convertiría en leyenda.

Ante esta última confidencia de Justino, debo reconocer que en otro tiempo me hubiera reído un rato, pero dado el tono y la convicción de su voz, entendía que hablaba en serio, no tuve más remedio que guardarme mis comentarios para una mejor ocasión.

Busqué a Diego cuando tenía mi propuesta terminada, empecé a explicarle mis casi 15 diapositivas –en ese momento tuve el impulso que por cierto no pude detener y le interrumpí preguntando a Justino, -¿de que hablaban tantas diapositivas?– hago un breve paréntesis para compartir algo que dijo un CEO de un banco de nicho, sólo tengo tiempo para tres diapositivas y ya , si bien es cierto que eso no dice mucho, la idea de este ejecutivo es simple: Deben ser capaces de explicar en 15 minutos sus propuestas, me recuerda ahora que lo pienso al libro maravilloso: *El ejecutivo al minuto* de Ken Blanchard y Spencer Johnson, pero me desvié mucho del tema principal, regresemos a la conversación- me miró con cara de ¡arruina historias!

Las primeras tres de los sistemas necesarios, las cinco de los aspectos de infraestructura tecnológica, las últimas de plan de trabajo y presupuesto en general. Contuve la risa durante tanto tiempo que no pude disimular más, Justino lejos de avergonzarse o enojarse -cosa sorprendente en él- me miró con cara de inocencia retratada en el rostro y dijo: no tenía idea, Diego vio sólo las dos primeras, me interrumpió muy cortés.

Ahora eres un director general Justino, me puedes decir por favor el modelo de negocio, cómo vamos a calcular el ROI, tu análisis financiero y proyecciones por favor –decía Diego-, mientras clavaba su mirada en mis ojos.

Le respondí como pude, entendía perfectamente que mi presentación no tenía nada de lo que me estaba pidiendo, más bien… estaba muy lejos de lo que me estaba pidiendo Diego. -en ese momento quería estar a 20 kilómetros de ahí, muy lejos- Mi jefe hizo una pausa para esperar una reacción mía, con una mueca apenas dibujada en la boca, pero en clara señal de enfado –le dije- qué si por favor me permitía revisarla, que regresaría la semana siguiente para su aprobación, sólo asintió con la cabeza y me salí casi a trompicones de su oficina.

Al llegar a mi escritorio –seguía narrando Justino– me hundí en la silla, mirando los papeles alrededor, los diagramas de arquitectura pegados en la pared, de un par de libros técnicos olvidados, revisé torpemente mis pendientes y encontré que tenían un patrón en común. Me devanaba el cerebro pensando en cómo podía encontrar una manera para cumplir la misión, cuando más desesperado estaba... el cerebro ingenieril finalmente vino a mi rescate y empecé con este razonamiento Héctor.

En tecnología tenemos metodologías y procesos para hacer las cosas, quizá para negocios haya algo parecido, no creo que la gente de productos y negocio no tengan una serie de algoritmos ya probados a manera de receta. Comencé a buscar la manera de aprender de negocios, esto me llevo a mucha información, muchos libros, artículos, blogs, podcasts, era tanto el agobio de información, que nuevamente me sentí perdido, ¿recuerdas? –dijo seguro ante una mueca de mi cara– sólo tenía una semana para cumplir con la primera tarea que me habían encargado.

De nuevo, tomé aire, me puse a pensar en cómo hacer algo rápido que favorezca al negocio digital, no puede ser que sea tan complejo si es como... allí en ese momento, llegó mi momento ¡eureka! grité lleno de felicidad y dando saltos de alegría, me sentí renovado, con nuevas fuerzas para el reto, feliz de saber el camino, ahora sólo queda recorrerlo, me dije para mis adentros.

Le llevé una presentación, que... –¡espera Justino! le dije alzando la voz y extendiendo la palma de la mano hacia afuera, con la señal de ¡para! -elpobre Justino se detuvo abruptamente sorprendido por mi repentina y exagerada mueca… – espera, dije suavizando la voz –resulta que se te olvidó la parte más importante de la historia ¿qué descubriste?, ¿cómo llegaste a una conclusión de sentirte confiado en tu encargo?

Justino sonrió y dijo: ¡qué torpe! es cierto, te ofrezco disculpas por favor, me volvió a ganar la emoción supongo por lo que ya no te dije qué descubrí: una transformación digital es sinónimo de negocio digital, para lo cual se deben usar esquemas *ad hoc* con el margen digital.

Ante mi sorpresa, Justino se tomó tiempo para explicarme el proceso de transformación, me indicó que empezó con un modelo de negocio *Canvas*, una vez lleno el lienzo, se pasó a revisar cómo funciona una *Fintech* –llegado este punto y mi cara de sorpresa, sacó su iPad y me mostró el siguiente diagrama que me compartió después, donde me explicó lo siguiente: si quieres un negocio exitoso, sigue los principios de la Ley *Fintech*.

Plan Estratégico

Se crea a partir de objketivos de negocio para la empresa, lograr rentabilidad, apoyados de las herramientas / procesos y personas..

Plan Táctico

Comprende los pasos que se ejecutan para lograr la rentabilidad, y son llevados a cabo por las herramientas / procesos y personas..

Realizado por Héctor Ortega

Me comentó que dichos principios los tomo de dicha ley, los integró como parte base de su presentación de negocios, sobre este modelo de una sola diapositiva, le expuso a Diego el *Chairman* del grupo. Al terminar su relato Justino se le veía contento no podía disimularlo, su mundo había cambiado de ser un tipo técnico a uno de estrategia, estaba muy orgulloso en su fuero interno por este logro.

Casi al final de la charla, le pregunté, ¿cuál ha sido la lección más grande que aprendiste? – Lo pensó sólo unos cuantos segundos y me dijo muy serio: a dirigir un negocio para el negocio, apoyado de la herramienta tecnológica, ha sido mi mayor aprendizaje –dijo-.

¡Espera! dije abruptamente eso lo hacías antes, – ante lo cual replicó – en realidad no Héctor,antes la herramienta tecnológica que da valor al negocio era mi responsabilidad, podemos decir que estaba orientado y operaba, hoy día es el negocio para el negocio, podemos decir que estrategia buscando la rentabilidad – no dije nada más, sólo asentí con la cabeza, ese gesto tan peculiar cuando te encuentras frente a una verdad innegable –.

2

UNA SEMANA
EN UN NEOBANK

Lección de vida

Héctor Ortega

Lunes

El lunes por la tarde, me mandó un *WhatsApp* –Justino, no perdón me mandó un *Telegram*, desde que nos cambiamos la comunidad de *Beernnovation* a este servicio, le ha gustado tanto que sólo me busca por ahí-.

El mensaje decía lo siguiente y cito: "amigo, me han dado una lección de vida hoy en BancoT, es el *Neobank* en que ahora trabajo como CEO, realmente esto ha cambiado mi vida y la manera en que la enfrento..."

Apenas leí el mensaje, no dude ni un segundo, le marqué para saber cómo estaba, si necesitaba ayuda, Justino nunca ha sido de tragedia ni mucho menos, es más bien un tipo directo y analítico... por lo cual se incrementó mi preocupación.

Hola, amigo –le dije con tono de ansiedad– hola, que me sintiera más preocupado, de verdad era algo importante lo que le había pasado esta vez– ¿Estás bien Justino? No, bueno sí amigo… - yo sabía que lunes sería su primer día como CEO, estaba deseoso de saber cómo le fue… apenas me respondió fue al grano y no interrumpí-

Domingo me levanté muy temprano, la verdad no logré dormir muy bien, todo el día estaba ansioso por ir a mi primer día, mi esposa me alentó, me hizo una cena especial para celebrar este nuevo reto, toda mi familia estaba atenta celebrando el nuevo trabajo, de verdad estaba muy emocionado porque sería mi primer día en BancoT y me estrenaba como CEO.

Lunes sonó el despertador, me levanté enseguida, no me quedé un segundo más, sabía que estaba listo para este reto, ninguna duda se asomaba, bueno una que otra debo decir, pero así como aparecían las mataba despiadado con la confianza que mi familia y mi experiencia me daba, mi maravillosa esposa sólo me miró, sonrió con un guiño, me desayuné en silencio hundido en mis pensamientos, me bañe, estuve listo con traje oscuro, corbata naranja, un beso de despedida y un suerte, me hicieron el día. Me encendí con una sonrisa llena de confianza, acto seguido me encaminé al corporativo de BancoT… ¡Soy el rey del mundo en este momento! -me dije para mis adentros-.

Al llegar, estacioné mi carro, baje despacio, mientras lo hacía abroche un botón de mi saco en paralelo al cierre de la puerta… de esas actitudes de james bond – reímos ambos recreando la escena – mirando sin mirar, para denotar mi seguridad de nuevo líder.

"Para ser hay que parecer", refrán popular, me repetía sin mucha atención- me dijo Justino -. Tomé el elevador hasta el tercer piso donde está mi oficina, todo el mundo me miraba, se ponía a trabajar apenas notaban mi presencia, algunos con medios gestos me daban los buenos días yo asentía con la cabeza, a pasos largos y firmes me dirigí a mi oficina.

Al llegar, ordené café a Lucia mi secretaria que pronto lo trajo, me dijo que tenía un recado del *Chairman*, había marcado y al no encontrarme dejó el mensaje con ella, ¡amigo! -pensé de manera inmediata que había llegado tarde o algo hice mal … ella muy perspicaz notó mi desazón, me dijo: tranquilo señor no se preocupe, él no tenía sus datos de contacto, pero ya se los hice llegar.

Fui a la oficina de Diego, apenas saludé, muy amable me dio la bienvenida al banco en mi primer día, lo hizo de manera fugaz, sin mucha emoción para decirme con una mirada profunda Justino: necesito que hagas algo por mí, es un favor personal –asentí sin decir nada y tratando de imaginar que me pediría en mi primer día–, quiero que vayas en persona a visitar esta dirección, me dio un papel, la persona que vive ahí necesita apoyo por favor a tu regreso me buscas, te agradezco mucho, que tengas excelente día.

¿Ensayé muchas veces el domingo y camino al trabajo hoy por la mañana, la manera en que debía contestar a Diego, sin asomo de inseguridad, pero sin exagerar para no parecer frío, estaba convencido que el primer día era muy importante para establecer la base de la relación, la verdad los nervios me traicionaron... quién hubiera imaginado que en mi primer día tendría que salir de la oficina... ahí empezó la lección de vida, ahora verás.

Hasta que llegué al estacionamiento a mi coche, me subí y abrí el papel con la dirección que Diego me dio en su oficina, asumí VIP que debía atender el CEO de la empresa... me sentí un poco decepcionado, quizás sería esas mis tareas mientras estuviera en BancoT, pero la sonrisa y confianza de mi familia me rescataron de inmediato, me dije: si es por ahí entonces haré algo para resolverlo pero que no creo que yo Justino, va a estar visitando a sus amigos para resolver sus problemas.

Regresé al papel... !Qué demonios¡ dije sin pensar, la dirección que pensaba encontrar no era ni por asomo congruente con mis pensamientos anteriores que por cierto se fueron al demonio, era de una colonia marginada y muy lejos de ser de millonarios... debe ser un error pensé, es probable que se haya equivocado.Diego de dirección, levanté mi teléfono y marqué a Lucía...

pero en lo que esperaba que respondiera me dije ¿y si no?, empecé a repasar como me había dado el papel, a fin de determinar paso a paso la posible confusión… tuve que colgar apenas me respondió, le dije que todo estaba bien, sólo que avisara por favor al equipo que cancelaría la junta directores, estaría fuera toda la mañana y sin esperar respuesta le colgué.

Diego leyó la dirección antes de darme el papel, lanzó un pequeño suspiro ahora que lo recuerdo – me dije– pasé por alto ese detalle dada la circunstancia de mi retraso en su llamada, él estaba seguro entonces no hay error, alcé la vista al espejo retrovisor, acomodé la corbata y dije: ¡vamos CEO tú puedes!, decidí entonces quitarme la corbata, me sentí más relajado y me dirigí al domicilio en cuestión.

Tardé un poco en dar con el domicilio, las calles sin pavimento, casas sin números no ayudaban mucho, hice muchos gestos, maldije el traje oscuro, hacía un calor insoportable pero tenía una misión, mis zapatos estaban llenos de polvo, me sentía incómodo completamente, arrepentido, con ganas de mandar todo al diablo, ahora soy CEO y tengo que andar en calles polvorientas, entonces que puedo esperar… esto de ir para arriba es ir para abajo, estaba mejor de CDO en el otro banco… muchos más pensamientos de este tipo a punto de regresarme, la maldita casa donde está –me decía– ya llevaba dos horas entre calles llenas de perros en las calles y nada…

me bajé una vez más con mis zapatos de vestir incómodos, mi carro sucio y por fin, me dijeron por dónde estaba el domicilio en cuestión.

Suspiré, me regresé a mi auto apenas había bajado, al demonio me dije, no me importa ni el regaño de mi esposa ni el de Diego - en ese orden-no haré esto ni esta ni otra vez, esto no es para mí, soy ¡un CEO por favor!, tengo otras ofertas y no voy a perder mi tiempo con esto: ¡Al diablo!, grité convencido, tomando el camino de regreso hacia la ciudad.

Me detuve a dos cuadras, ¿Qué les estás enseñando a tus hijos? me dijo una voz fuerte y clara en mi cabeza, le has dicho tantas veces de la humildad, de no rendirse a las primeras, de la resiliencia, ¿Es puro discurso Justino? –tu esposa dije interrumpiendo-, te la imaginaste diciéndote eso amigo, así es y regresé sobre mis pasos Héctor.

Apenas toqué, me abrieron la puerta, era un niño como de seis años muy sonriente y amable, me saludo con un ¡buen día! –que me hizo sonreír y recordar a uno de mis hijos, me felicité por no rendirme y regresar, ya había valido la pena me dije, cuán equivocado estaba –pregunté por su mamá-, asintió con la cabeza ¡adelante pasé lo estábamos esperando!

Entré con cara de sorpresa y miedo a la vez, que se disipó al ver a una señora sentada en la sala, como de unos 35 años muy contenta,sonriendo, se levantó luego de varios intentos con mucho esfuerzo debido a... ¡Qué no tenía una pierna amigo! –no pude más, todo se me olvido, me sentí tan mal por mis pensamientos anteriores–.

La señora me explicó que Diego les había marcado y dijo que iría, me contó que ella no podía salir a hacer pagos debido a su condición, además de ser madre soltera, el lugar donde vivía se complicaba mucho, tenía una comadre que le ayudaba con las cosas para su hijo y lo básico pero que los temas de pagar luz, teléfono no tenía manera de hacerlo, sus ingresos estaban dados por una pensión de su esposo fallecido... tengo un nudo en mi garganta ahora.... a Justino se le quebró la voz y debo confesar que a mí se me ha rodado una lágrima por mi mejilla incluso ahora que te comparto esta historia.

El problema que tenía la señora era; abrir una cuenta para recibir los fondos y pagar los servicios sin necesidad de salir de casa, pero la aplicación de BancoT, no la entendía muy bien, ya que no podía desplazarse, no por un mero gusto de usar un celular.

Tardé un vaso de agua que tomé lento, para recuperarme de mi vergüenza, el CEO se fue al diablo, ¡se trata de ayudar diablos! me repetí, el odio que sentí por Diego se transformó en admiración del viejo, diablos con razón decían que era un crack...le expliqué la *App* a la señora, con mucho coraje a cada paso que dábamos, simplemente no era simple ni fácil, por qué diablos no estaban aquí los diseñadores, los *UX, Design Thinking*, los programadores y todos los que hicieron esto, ya tengo mi estrategia maldita sea –mi pensamiento quedó claro y prístino –.

El servicio financiero debe ser humanizado, se trata de ayudar en la cotidianidad a nuestros clientes, esa satisfacción suma al estado de resultados porque te recomiendan, humanizar la banca, el servicio financiero y los que lo hacemos, mi plan está trazado amigo mío.

Pero no acabó ahí el asunto –me tenía embobado, ya más recuperado por la historia, muy de acuerdo en su estrategia, deseaba colaborar con él para ayudar a su propósito, ya lejos de credenciales y esquema financiero... eso vendrá por añadidura me dije, asentí mi propia reflexión para asegurarla en mi pared de frases mentales.

Terminado el pago de su teléfono de la señora, que le dije que podía domiciliar, tuve que explicar el concepto cuando salió el banner en la pantalla y maldecía para mis adentros el lenguaje financiero que debe quedarse dentro de la organización, en los canales de atención debemos hablar de manera simple y coloquial, **humanicemos nuestra comunicación.**

La verdad que seguía muy enfadado, lo que veía era complejo para el entorno en que se operaba, al terminar el pago la señora me preguntó, si con eso no tendría problemas con su línea telefónica, ya que de eso dependía el internet también.

El consumidor necesita confianza en todo aquello que necesita confirmación y mitigar riesgo, si pago mi tarjeta debo estar seguro de que no me cobrarán intereses, si pago mi servicio debo estar seguro de que no se interrumpirá por falta de pago… **la continuidad como moneda de recompensa.**

Terminado sus pagos, pregunté antes de despedirme si tenía algo más en que pudiera ayudar con la *App* de BancoT, me dijo que no de manera segura, sin asomo de duda, ante lo cual me dio mucha curiosidad, le pregunté, buscando ser amable, si sabía cómo configurar el *wifi* o revisar sus datos, para que pudiera ayudarle y orientarle.

Sonrió con mucha confianza, llamó a su hijo, lo abrazó y me dijo mirándome fijamente: ¡lo tengo a él, es mi experto, no necesito más!, él le sabe a todo esto, siempre le encuentra o busca cómo hacerlo, me ayuda mucho, sólo tiene seis años Sr. Justino.

> *Todas las familias tienen un experto digital, es quién más sabe de tecnología y la familia recurre a él para operar los servicios financieros.*

Aproveché la experiencia Héctor para preguntar al experto digital qué le interesaría que mejorará en la App, que yo tenía ese poder, se le abrieron los ojos, me dijo en unas cuantas palabras estudios que hay que venden como si fuera sabiduría, cuando esta se encuentra en quién la usa:

ojalá que tu banco fuera tan sencillo como mandar un mensaje a mis amigos en *WhatsApp* o ver cosas en *Facebook*.

Justino se quedó en silencio al terminar esta última frase, -yo seguía atento- no había más que decir estábamos anonadados, llenos de pensamientos y reflexiones de su primer día como CEO en BancoT.

Las paradojas de un CEO

Héctor Ortega

Martes

Mil disculpas, pero tengo que cancelar la comida que teníamos para hoy martes -me mandó un Telegram Justino – se me cruzaron algunos temas, te cuento por la noche por favor, muchas gracias– era su segundo día como CEO y entendí perfecto – por la noche me ha contado lo siguiente.

Ser un CEO no es tarea fácil, no hay un manual y creo que debería existir uno me dijo Justino, la paradoja es que cuanto más poder tiene más difícil es usarlo. Ahora tengo todo el control, Héctor puedo hacer todo cuanto he pensado y platicado contigo, no podía ocultar la emoción en su voz, el martes decidí empezar por sentar las reglas del
juego.

Reuní a todo el equipo, sabes bien que creo de manera ciega en los 100 primeros días, donde debo dar resultados, hacerme notar el por qué estoy aquí y que vamos a hacer con BancoT, o al menos eso me duró hasta la hora de la comida, por la tarde era otra persona, mi pensamiento totalmente distinto.

Resulta que cité a todos los líderes de la empresa a la primera reunión de estrategia, los directores de cada área llegaron y las dos directoras se sumaron a la reunión, me llamó la atención sólo dos mujeres en equipo directivo, pero no reparé mucho en ello salvo unos segundos ¡tengo que explicar la táctica y estrategia!... no perdamos tiempo.

Ordené informes de KPI con certeza y claridad, para conocer el estado de BancoT de primera mano; número de clientes, Churn, cuantos clientes activos tenemos, no quiero métricas de vanidad exigí, los *likes* no pagan la nómina, que estrategias han hecho de *up-selling, cross-selling*, nuestro *buyer persona* si lo tenemos claro, si podemos hacer cliente gemelo, el SLA del canal digital, el margen que manejamos en los Q1 al Q4 del año anterior contra año actual por semana detallado.

Clientes nuevos, su antigüedad, recurrentes al canal, el top de tarjetas, productos, en que parte del país tenemos más clientes, donde nos faltan, el top de saldos promedio y el NPS al mes anterior. El índice de colocación y nuestra cartera vencida, el nivel de riesgo que tenemos de capitalización, el gasto corriente... entre otros niveles financieros que reflejaba en estado de resultados, el típico quiero ver la contabilidad operativa no la normativa, apenas terminé mi montón de información se fueron casi de inmediato todos en el equipo.

Eso fue a las 9:03 de la mañana, la reunión terminó a las 10:07 am, la razón de saber los minutos es que vi el reloj cuando todos se fueron tan rápido que tuve la sensación de haberme tardado mucho, que interesante es las capas de mando, resulta que para las 11:36 empezaron a llegar mails con la información que solicité, para las 13:05 de la tarde, tenía más de 54 correos unos decían parte 1 de 4, otros eran respuesta de unos anteriores, con tablas de excel, reportes en powerpoint, pdfs con indicadores, otros eran documentos de word de más de 15 hojas… craso error… lo sé, dar órdenes es muy costoso, lección 1 para el nuevo CEO.

No sólo es tener una montaña de información, ese fue el primer indicio, cuando estaba a punto de irme a comer contigo y por ello te cancelé, empezaron a llegar los directores uno por uno, para saber si había visto sus respectivos mails, querían conocer mi punto de vista de la información, muy formales para ofrecer su ayuda en caso de ser necesaria… me sentí contento he de decirlo, al parecer me habían recibido bien en mi día número dos, terminé con ellos casi a las 17: 30 horas, comí algo rápido en la oficina mientras leía los correos que me había llegado.

A eso de las 18:13 horas me llamó Diego (el *Chairman* de la empresa), me preguntó sin saludar siquiera: ¿Justino, se puede saber por qué no mandamos la información que nos solicitó la autoridad para hoy?, -cómo ya te había comentado fue CEO en lo que me contrataban- tenía mucha idea de la operación, a lo que respondí: lo reviso ahora mismo y regreso contigo.

¡No es necesario Justino! – me dijo en tono abrupto pero controlado – el director de normatividad me ha dicho que ha estado toda la mañana preparando un informe para ti y no ha tenido tiempo de mandar la información, le pareció que una orden directa era prioridad sobre el reporte para la autoridad – dijo-. Con esta frase larga sin tomar aire, de esas que sabes que el interlocutor quiere que llegue lejos y que tenga impacto, no supe que decir, preferí dejar que siguiera en lo que pensaba una buena alternativa, las excusas no son lo mío, me conoces, tardé unos segundos.

Dije: Diego, ha sido un error de mi parte… por no definir antes que se espera de cada quien, lo que espero de un director es que dirija y controle la operación, no que opere y controle la dirección … –apenas terminé la frase, casi me arrepiento en el tono y el mensaje- pero ya estaba dicho, adelante, decidí hacerle notar que el CEO era yo, era mi responsabilidad, no necesito niñera, convencido de esta idea me fui con todo, ya sabía que podía con este cargo, sin duda alguna y ahora tengo ganas de actuar. En un mes te presentaré el plan de acción al respecto, por lo pronto reviso que actividades han quedado pendientes hoy, tomaré cartas en el asunto, para que se cierren con el menor impacto para la organización –dije ya más tranquilo– al otro lado del teléfono, no escuché nada... hasta llegué a pensar que ya no me estaba haciendo caso –ven a mi oficina por favor, Justino – dijo finalmente y colgó.

Sonreí, me dije ahora si estamos claros, o me deja hacer las cosas a mi manera o hasta aquí llegamos porque una niñera no me interesa, tengo la capacidad y conocimiento para llevar al negocio a donde quieren ir. Me abroché el saco al poner de pie, con seguridad total y una sonrisa que borré para no parecer cínico, a propósito, me tardé en subir a su oficina unos minutos, apenas me vio me hizo una seña con la mano mientras terminaba una llamada, sólo escuché algo como: perfecto, espero la factura y denlo por hecho por favor, inicia el siguiente lunes si es posible… perfecto sí, muchas gracias… hasta luego.

Justino, dijo Diego eres un tipo con mucho potencial, pero ser un CEO tiene un grado de responsabilidad que no habías tenido antes debes aprender el oficio –no supe qué decir, esperaba de todo, pero aprender el oficio, diablos ¿a poco eso existe?, todos mis pensamientos se esfumaron, me quedé a la expectativa, otra vez en cero me dije… el viejo es bueno tengo mucho que aprender me dije–.

Sí, es aprender el oficio Justino, es más complicado de lo que parece de hecho, a mí me lo han enseñado sabes -sé que se rumora que el viejo es un *crack* y reí por lo bajo: pero sólo es fruto del curso para nuevos CEOs- esperaba tu primera gran equivocación y tienes tanto talento que sólo tardaste una mañana para tenerla –dijo Diego y me avergoncé ipso facto– pero no te preocupes a todos nos pasa, personalmente te puedo decir que yo me equivoqué antes de empezar, así que no te sientas especial –dijo y río reduciendo la tensión, yo agradecí la confidencia y el respiro– para aprender tuve que ir a una escuela para nuevos CEO, es un taller muy interesante donde se reúnen nuevos directores generales y a través de casos aprenden el oficio Justino, por cierto inicias la semana siguiente.

Ante mi sorpresa y mi cara de no voy a ir a tal taller, que leyó perfecto Diego, me extendió una hoja mientras me decía: primero lee esta hoja, luego me dices por favor

La hoja decía:

> Lea el estudio llamado: *Siete sorpresas para los nuevos CEO,* por Michael e. Porter, Jay W Lorsch y Nitin Nohria del 2004 y el libro: *La administración de una sola página* de Ríáz Khadem y Robert Lober, debo decirte amigo, que a cada línea entre dientes decía lo que pensaba.
>
> • Uno: Usted no puede manejar la empresa (¿y entonces que se supone que haga?, esto no sirve para nada)

- Dos: Dar órdenes es costoso (eso ya lo noté y me pasó)

- Tres: Es difícil saber lo que realmente ocurre (de acuerdo, necesito ayuda)

- Cuatro: usted siempre envía un mensaje (me hace sentido, tienes una oportunidad)

- Cinco: usted no es el jefe (¿y ... luego?)

- Seis: la meta no es complacer a los accionistas (esta sí me gustó)

- Siete: usted sigue siendo sólo un ser humano (tienes mi atención)

Y bien Justino, ¿Qué opinas? -dijo Diego- el lunes me parece buen día para empezar, aunque pudo ser antes de recibir el puesto… pero entonces tendré toda una semana para contarles mis errores, realmente tener un puesto directivo por primera vez no es sencillo, pero espero el resto de la semana no me vaya tan mal y a mi regreso del taller de CEOs te contaré cómo me fue.

Cultura de equipo

Hector Ortega

Miércoles

Justino en su tercer día de CEO, me ha confesado que no sabe bien a bien por dónde ir, el primer día le dieron lección de vida del negocio, en el segundo le han dicho que tiene que ir a una escuela de CEOs para aprender el oficio, ¿de qué diablos trata esto? estoy perdiendo la confianza ¿sabes? –me ha dicho en modo confidente-.

Antes cuando era CDO, mi jefe me daba la dirección y sólo tenía que ejecutar, ahora debo dictar hacia dónde ir, pero son tantos frentes que de verdad no tengo idea de dónde empezar, claro que como sabes, eso me ha durado sólo unos minutos, recurrí a mi intelecto y recordé la frase que me has repetido tantas veces, que te la han dicho en Grupo Salinas:

> *"Más vale medianamente bien, que perfectamente mal".*
> *Ricardo Salinas*

Con eso en mente, me decidí empezar por la cultura de la empresa, la gente siempre es un pilar y no hay manera de equivocarse al respecto, es lo que la hace tan grande o pequeña, vaya no es más que un reflejo … al menos eso creía hasta que hice un ejercicio teatral – no deje que siguiera, le interrumpí de inmediato- ¿qué cosa es un ejercicio teatral? – pregunté con una duda real –.

¡Ah! – respondió con ese tono que usamos cuando explicamos las cosas obvias – es cuando uso máscaras e interpreto papeles –yo seguía sin entender– en fin, creo que no es tan obvio, dijo al fin, reímos de buena gana.

Cuando quiero tomar una decisión importante, lo que hago es simular con diferentes actores, como una película sabes, escenarios que pueden ocurrir y trato de anticipar las acciones, los rumbos que pueden tomar, estas simulaciones si bien no siempre son correctas me dan una idea basados en la personalidad, variables de entorno y otros aspectos que me ayudan y apoyan a tomar decisiones –me quedé intrigado de manera severa, pero me interesaba mucho más que sigue en su día que la cosa es de ejercicio teatral o como se llame –.

Una vez que hice este ejercicio, integré variables y tendencias a dos años, encontré varios aspectos interesantes, mucho sumado de mi experiencia en otros trabajos y estudios hechos de la conducta humana, llegué a una conclusión: no se trata de la gente, se trata de la cultura de la empresa en realidad, entendí que es donde se desempeñan los actores, porque al final el ser humano se adapta al cociente colectivo, un día leí cosas como esta:

"Los genios menores hacen que las cosas sucedan".

Quiere decir que son pocos los que hacen que sucedan las cosas, cuando están dentro de una cultura que permite; crecer, explorar, fallar, apoya el sentido de pertenencia para las personas, estas a su vez atraen a otros. Otra frase que he leído dice: "trabaja en las herramientas no en las personas", me ha traído mucha reflexión la frase, me lleno de dudas al respecto, preguntas que saltan una tras otra sin control, ¿por dónde rayos empiezo entonces?, ¿hacer ágil es buena idea?

Encuentro otra frase interesante: "las personas en los niveles superiores, están orientados al futuro, las de niveles inferiores al presente", me empecé a preocupar y caí en un lapso de dudas que me duró unos 40 minutos… preferí salir a caminar… me olvidé por un momento de las cosas, observando donde compré el café, la cabeza me dio una vuelta que me hizo reír de satisfacción por el hallazgo … salí corriendo sin esperar la bebida y me subí a mi oficina lo más pronto que pude.

Me puse a buscar en algunas notas en mi cuaderno, leí fuerte y sonriendo: "la conducta es una función de la persona y su entorno B=f(P,E), para cambiar la conducta de las personas, en vez de cambiar a las personas mismas (lo cual es difícil de hacer sin una costosa mesa de operaciones), podríamos considerar la posibilidad de cambiar el entorno y permitir que las personas se (re) organicen", psicólogo Kurt Lewin.

Change Managment es básico para integrar nuevas condiciones en el trabajo, por supuesto se trata de cambiar algunas conductas, no de cambiar personas... eso lo descubrí en el modelo de franquicia por ejemplo, en una cafetería, ocurrió algo interesante estaba lleno de gente cuando llegue y estaban muy tensos, tuve la suerte de que me tocará cambio de turno, entonces llegó un chico que estaba feliz, llegó alentando con bromas a sus compañeros, la actitud general cambió en apenas unos segundos... por supuesto a partir de una conducta de una sola persona.

Ágil no representa si no una manera de gestión de proyectos, pero necesita una gestión del cambio que se basa en algunas conductas... mi plan es simple y sigue el segundo mandato de las buenas prácticas de proyectos:

> *"Deberás tener un sistema de comunicación efectiva para todos los interesados del proyecto" PMBok.*

Para ello, voy a poner un sólo proyecto por equipo cada trimestre, mi expectativa racional es la siguiente: de los 4 equipos que tengo, pueden hacer un total de 12 proyectos al año, tomando en cuenta la variación y desviación por el riesgo que existe en este cambio de paradigma, espero tener un total de 5-8 proyectos que den resultados...estos proyectos son de tres tipos:

• El primer apoya al negocio, a partir de un cliente y su momento de interacción que es un consumidor, el actor principal son los clientes.

• El segundo se dedica al esquema operativo, el presente, donde el actor principal son los empleados.

• El tercero a estrategia, el futuro para que donde queremos estar que debemos hacer para llegar, donde el actor principal son los accionistas.

Cubro el tridente de un CEO; **Empleados, Accionistas y Clientes** que son mis interesados de mi negocio, supongo que antes que te deje hablar preguntarás algo como ¿y sistemas Justino? La tecnología, la innovación, la gestión, los productos, los marcos que surgen como *Design Thinking, UX, Service Design, Scrum, Lean Startup, Blockchain, Devops, Cloud,* TDD , BDD, *Open Banking, BaaS*, IA, *RPA* y etcétera son herramientas - lo dijo con voz fuerte para hacer énfasis- son sólo el apoyo.

Estaré trabajando en cambiar algunas conductas, que con el tiempo y mucha paciencia conformarán la cultura de este Neobanco. Hablé con Diego el Chairman , la curiosidad no me deja en paz, le pregunté si me podía adelantar algo del taller para CEO, la verdad como sabes la escuela no me gusta mucho y me tiendo a aburrir mucho, Diego sonrió,me dijo que el taller era de todo menos aburrido, te diré sólo dos cosas para que tu expectativa sea alta y aun así quede corta:

El taller está basado en estudios de la ciencia y el cerebro, como Brain rules [Medina 2008], *Enriching the brain* [Eric Jensen 2006] y *Training from the back of the room* [Sharon L. Bowman 2009] entre otros, que no son el típico donde se la pasa hablando un tipo a los asistentes ya encontraron que la conferencia es la técnica menos eficaz, la gente aprende mejor cuando interactúa entre sí y con su entorno.

Pero puedes no asistir si me respondes una pregunta; ¿de acuerdo? –acepté, me dije seguro tengo la respuesta y me pongo a trabajar – La pregunta es ¿Cómo es un ejecutivo eficaz?, pero más importante aún –siguió Diego– no me respondas ahora, si al finalizar la semana has hecho todo cuanto tenías planeado entonces eres eficaz y conoces la fórmula, de lo contrario en el taller encontrarás que el único no eres con ese problema.

,

Margen digital

Héctor Ortega

Jueves

He llegado al jueves en BancoT, mi cuarto día, cada día estoy haciendo una nueva estrategia, me ocupo de algo en particular, –me dijo Justino para platicarme su día en el *Neobank*– lo he destinado al negocio, tengo la sensibilidad de la operación por mi primer día, la preparación como CEO viene la semana siguiente el día martes, ayer me quedó claro cómo debo cambiar algunas conductas para fortalecer y crear la cultura de la empresa.

Los negocios se expresan en números, no debemos perdernos de vista en este sentido, su lenguaje es financiero en esencia, luego me vino a la mente el tema de transformación digital, al ser un banco sin sucursales y con oficinas de representación tenemos retos importantes, no necesitamos transformación digital ya que nacimosdigitales.

Al llegar a la oficina, busqué a mi primera plana y les pregunté uno por uno; ¿cuál es nuestro negocio?, obtuve diferentes respuestas, todas válidas y acertadas en la parte bancaria, pero cuando pregunté ¿cuál es nuestro indicador principal?, me dijeron; número de clientes, rentabilidad por cliente, montos de captación, montos de préstamos, cartera vencida, créditos colocados, clientes nuevos por período y un largo etcétera, hasta uno que dijo que los niveles de capital exigidos por el regulador estables … esta última respuesta me gustó debo decir… ¿si juntamos todos ellos?

Pregunté para seguir y animar la conversación, les parece y se vale no estar de acuerdo, si les digo que, ¿el incremento del margen digital es el indicador principal?, ante la cara de desacuerdo y antes de que tuviéramos una discusión con sentido de convencer, basados en justificaciones parael cociente colectivo, los detuve, comenté ¡esperen! por favor, les comparto mi punto de vista y acto seguido comentamos.

Al servir a un cliente que se convierte en consumidor de nuestros productos, incrementamos los ingresos a través de las ventas, que producen recursos para atracción de clientes, colocación de créditos, inversiones y control de capital regulatorio entre otros, claro que no es el orden en que puede ser, lo podemos invertir, la fórmula se convierte en capital de trabajo en primera instancia y no crecimiento orgánico, pero el *quid* es el mismo: **Generar ingresos para la empresa.**

La premisa inicial está clara, generar ingresos y sobre ello trabajamos desde nuestra trinchera, pero, hay otro factor que hace la ecuación ganadora, disminuir costos para ofrecer los productos, la atención a los clientes, por ello no tenemos sucursales de alguna manera nos ayuda a mejorar la tasa de inversión para los clientes.

Al disminuir costos por no tener sucursales, decidimos compartir la utilidad en los productos de inversión de los clientes –dice Justino - pero ¿cómo podemos tener más rentabilidad con cuentas N2 topadas? –me cuestionó una persona– pues abriendo N4 le respondí y todos los presentes asintieron ante la obviedad.

Para un *Neobank* la autoridad es su primer cliente -dije- debemos ganarnos su confianza, es a quién le vamos a vender en primera instancia el modelo, siempre será así por las normas que no aplican en un tipo de Neomodelo operativo y de regulación adaptado, si logramos apertura N4 pero con reglas diferentes, tales como que no sea empleados nuestros para seguir con el mandato de bajar costos pero con reglas de PLD, NDA y control de riesgo que cubran el espectro normativo, podemos lograr operar N4 con la requisición necesaria, además otorgar un medio de disposición de efectivo.

Pero, debemos pensar en verticales de negocio, no podemos operar como los tradicionales con productos financieros y va más allá del discurso de millenials y comunidades… es un tema de *spin off* para el banco –ante la mirada de duda de todos, les dije – se trata de buscar negocios.

Usamos lo que tenemos para generar ingresos y empleamos lo que otros tienen para ofrecer negocios y generar ingresos, ¿qué tenemos? –les pregunté a mi primera línea –la directora de productos dijo, podemos tener la información de los clientes, pero lo más interesante es lo que los clientes aspiran a tener control sin gestionarlo, es decir, qué un tercero vigile ciertos comportamientos y actúe en favor de sus intereses en consecuencia y por ello están dispuestos a pagar, todos incluido yo, nos concentramos en sus palabras.

La visión de la directora es la *API Economy* en modelo de negocio digital es algo como; no es tener canales digitales *Apps*, portal, más bien es un ecosistema de acciones en el ciberespacio que buscan generar ingresos para la compañía.

El negocio digital es frágil, pero es exponencial, eso es lo que atrae, es flexible y de alto impacto en pocos segundos, es su riesgo también, vive en una total paradoja, eso es lo primero que tienes que entender, requiere un líder digital, alguien que tenga experiencia en modelos virtuales y cómo se generan ingresos, pagan impuestos, legislación sin bordes, marketing, riesgos como la ciberseguridad y ataques, alguien que sepa que: automatizar procesos reduce costos e incrementa el margen.

Océano azul

Héctor Ortega

Viernes

Aléjate de los demonios, no seas el chico consentido de los medios, no queremos ser *Fintech* dijo Diego el *Chairman,* queremos ser exitosos y eso se mide con un margen de utilidad en crecimiento sostenido Justino, eso fue lo que me dijo cuando ya estaba contratado.

Tengo claro que quiero –dijo Justino – tengo quelograr la siguiente frase: el CEO debe tener ojos y manos en la operación, pero sin pies. ¡espera! -interrumpí- eso sí me lo tienes que explicar, cómo es eso de tener ojos, pero sin pies -pensé en jugarle una broma de un ser amorfo, pero creo que estaba ante una revelación y tomé en serio la situación- quieres decir ¿Ver sin pararse?¿Es sólo una metáfora?

Héctor, te explico con gusto, creo que sí exageré con la frase, seguro la voy a leer en tu libro ¿no? -reímos ambos- de acuerdo, cuando llegué con Diego le pedí dos personas como parte de mi estrategia, sin esos dos roles y personas no aceptaría el puesto, una vez que expliqué para que eran, Diego aceptó y estas son:

- Un *Financial Business Partner* que es la persona lo suficientemente cerca del negocio para saber lo que están haciendo las unidades pegadas a la operativa y lo suficientemente cerca del CEO para saber lo que realmente deberían hacer estas unidades operativas, es el principio de *accountable*, que soy responsable pero no quiere decir que yo lo tengo que hacer.

- Un psicólogo Como puedes entender ahora, el *Financial Business Partner* es mis ojos y mis manos sin que yo tenga que poner los pies en la operación, esta figura es como tú Héctor, un buen amigo, que no me dice lo que quiero oír sino la realidad de las cosas –ante esta justificación de Justino, no tuve más remedio que estar de acuerdo con él, pero apenas termino le dije – ¿pero un psicólogo? ¡eso no tiene mucho sentido!, bueno sí un poco, pero es como para el equipo y la cultura ¿o no?

Bueno en principio es lo más lógico, debo decirte que Diego pensó algo similar y casi se cae de la silla cuando le dije: ¡el psicólogo es para mí! –no lo culpo Justino, no inventes, no puede ser tan malo –.

Justino tardó un poco en recuperar la conversación, se río como nunca antes y no paraba de hacerlo, me parecía como que se contaba un chiste que sólo él entendía una y otra vez, cada repetición le daba más risa… –un momento incómodo tengo que confesar –.

Una vez controlado: amigo, no es para eso, la labor de este personaje es que me ayude a entender a las personas de mi equipo, cómo puedo llevarlos y de qué manera, a que cumplan sus objetivos sin fricción o con la menor posible ¿Leíste alguna vez el libro llamado El Maquiavelo Moderno? – sí, me ha gustado mucho el viaje del joven entrevistando… a CEOs de empresas – dije con una pausa casi al final, por supuesto, está claro ahora, este joven quería saber cómo se llega a ser un CEO de un conglomerado por eso viaja a muchas partes hasta que conoce el Maquiavelo moderno.

¿Quieres ser el Maquiavelo Moderno Justino?, por otro lado es la manera en que lo hace, aprende que cada persona es diferente, mientras unos se motivan por los números, otros se integran a objetivos por convicción o reconocimiento, mientras que muchos quieren poder quizá, interesante punto de vista.

Entonces el psicólogo es para ti, ya que necesitas entender cómo tener un gran equipo a partir de sus fortalezas, claro tiene sentido –dije emocionado- en los estudios de *Gallup* y el libro Ahora descubre tus fortalezas, dice que debes enfocarte en lo que eres bueno, ya que es más fácil de pulir, mejorar en tus debilidades, por cierto Justino ahí enumera a las personas su personalidad y como hacerlos más productivos para lograr un ganar-ganar, creo que está claro el concepto, bueno lo has dicho mejor que yo, -dijo –.

Pero debo encontrar un océano azul, ese está en los no bancarizados y la población subbancarizada, donde puedo llegar con estrategias digitales pero atendidas con personas, es decir: a los consumidores les molesta ir a sucursales, por qué tienen que desplazarse, les gusta no moverse para satisfacer sus necesidades en una inmediatez que vivimos muchos humanos hoy, pero extrañan al humano de la sucursal que no es tan tonto como la máquina, es el factor común:

> La interacción humana, por ello los *chat-bots* son populares.

El reto que encuentro es el margen digital, pero con la matriz de relación que me has mostrado, ¿recuerdas? – no le dije, no recuerdo ¿de qué matriz hablas? – la que me enseñaste cuando te pidieron una estrategia de evaluación de una solución de canales digitales para el grupo de países de Centroamérica – ah sí claro ya recuerdo Justino – y les diste tu esquema de prueba de ácido para que cualquier unidad de negocio pudiera determinar por sí misma si es viable la solución, sin juicio de expertos que, dicho sea de paso, estuvo genial y dio buen resultado.

El margen digital exige que se reduzca el riesgo operativo, este se traduce en tecnología ya que es donde habita el negocio de un *Neobank* como BancoT. Y la matriz de relación es la siguiente: (*ver páginas 154 y 155*)

¡Ah casi lo olvido, Justino me ha contratado!, bueno no, BancoT ha contratado los servicios de mi empresa para ayudarles en sus canales digitales y la estrategia ligada a estos, es genial hacer esto, todo empezó por la charla que le di a su equipo de Introducción a canales digitales y su contexto en el sector financiero.

¡Vamos a trabajar juntos!

Mátriz de relación

Creativity
Inspiration
Development
Innovation
Vision
Teamwork
Success
Analysis
Flexibility
Retrospective
Risks
AGILE
Extreme programming
VUCA
Sprints
SCRUM
Backlog
KANBAN
Volatility
Uncertainty
Complexity
Ambiguity

3

METODOLOGÍAS
Y TENDENCIAS

Al final, no se trata de ninguna y de todas las posibles tecnologías.

Justino

Transformación digital el nuevo "Santo Grial

El viernes pasado comí con Justino, se hizo un espacio en su agenda para platicar de las cosas que le han pasado, como su primera semana en BancoT el *NeoBank*, aprovecho para contarme muchas cosas interesantes de su taller para nuevos CEOs.

Cambiamos de tema cuando llegamos a los mitos de los servicios financieros, me ha dado un decálogo de estos y una visión interesante de cómo afectan todas las esferas y organizaciones, nos quedamos en un mito que está de moda en estos días la transformación digital de las entidadesfinancieras.

Justino, me dice que él lo considera el nuevo Santo Grial de las organizaciones, porque una vez que estén transformados digitalmente podrán tener menos amenazas y competir mejor con los nuevos jugadores -es claro que es un mito- ha dicho.

No existe la transformación digital, es una transformación del negocio con apoyo de la tecnología.

Como dijo Buda: Todo parte de un pensamiento, que a su vez se convierte en una abstracción que dará vida a posibles acciones, alineadas con el entendimiento de primer pensamiento… -espera Justino -, eso estuvo muy interesante, me sorprende gratamente, a mí comentario sólo rio y dijo – ¡no amigo!, la psicóloga que contraté en BancoT me ha dicho todo esto –reímos de buena gana-, pero regresando le dije, que quieres decir con esto por favor, no te entiendo bien.

Un muro para derribar en las organizaciones, sobre todo para un puesto directivo, como CEO, eso he aprendido en el taller que voy, es el micro-management, más allá de la consecuencia lógica de tiempo, de tener que estar siempre presente y la falta de confianza que genera para el equipo, existe algo que se llama momentos de verdad, te explico.

Las personas se encuentran en su quehacer dentro de las organizaciones, con situaciones no previstas todo el tiempo, algo que es claro y obvio, el quid es cómo enfrentarlas y qué acciones tomar, es donde el micromanagement sonríe, se frota las manos, la persona ante este momento de incertidumbre o de verdad, busca la guía del superior o su mandato ante la duda, acciona con base en ello, pero qué pasa si el superior no tiene tiempo y el momento no puede esperar… la persona actúa con base en su criterio, que sale de cómo piensa y cómo ha interpretado el concepto dado, bueno, asumiendo que pida consejo, muchas de las veces se actúa por temor con la misma base.

En otras palabras, si tienes dudas accionas conforme lo que entiendes se debe lograr como objetivo, si este es transformarse digitalmente será el resultado de las acciones, bien desde un micro - management o desde el criterio de la persona, la pregunta que surge para este caso es ¿cómo podemos minimizar el riesgo, para que el mandato se desvié lo menos posible?

La respuesta la encontramos justo en los conceptos, por ello es importante sentar su evangelización que reúnan por sí mismos claridad y conformen el objetivo, de ahí que creo que: el objetivo de esta era que vivimos, es transformar el negocio con apoyo de la tecnología, me parece que el concepto de trasformación digital se queda corto para los momentos de verdad que enfrentan las personas en su día a día.

Por ello se dice que el reto de la transformación digital está en las personas como; parte del proceso, disparadores, actores necesarios donde el pilar principal es el cultural, entonces se enfocan en utilizar tecnología para lograrlo.

Pero, es el primer paso del asunto, el más importante sin duda, pero sólo es eso un pequeño paso del proceso se debe estar seguro de que la gente entiende que lo que se necesita es un negocio digital por una única razón financiera:

el margen digital es el indicador de un negocio digital, para los accionistas, empleados y clientes se deben realizar productos, acciones, herramientas, procesos, controles, etc. que sumen a este indicador.

La pregunta entonces, para el siguiente paso sería ¿Cuándo tengo la certeza que tengo un negocio digital? Para BancoT es fácil somos y nacimos como *NeoBank*, pero para las entidades que tienen sucursales físicas como el banco donde era CDO -me cuestionó Justino- se trata de ponerlo interesante, es fácil salirse por la tangente con un banco digital -hizo una pausa teatral esperando una respuesta de mi parte, al no tenerla me rescató y dijo- en ocasiones eso me lo aprendí en el taller de CEOs, también es mejor tratar los grandes retos por partes, entonces un banco digamos tradicional puede apostar por verticales de negocio, Spin-off o el nombre que te agrade, se trata de tener alternativas al core principal del negocio, es algo que no es nuevo y se ha hecho en muchas industrias durante mucho tiempo.

Una vertical digital que guie, aprenda los entresijos del negocio, algunos directores encargados de la transformación apuestan por encontrar los cinco problemas más importantes de la organización y sobre ellos trabajar de manera digital, eso ayuda, pero no resuelve, porque siempre aparecen nuevos problemas que resolver, si bien estás haciendo tu labor de manera efectiva, en muchas ocasiones en el tiempo y entrega de resultados estratégicos quedas a deber.

Pero regresando a BancoT y las organizaciones que de alguna manera estamos en los negocios digitales, las que a través de verticales se puedan subir a este tren digital amigo, nos hemos preguntado de manera muy responsable.

¿Cuál es la base de transformar al negocio, para entrar al mercado digital? Es *Blockchain* y de manera casi inmediata lo descartamos, es cambiar de core bancario para eliminar los riesgos de los legacy, tampoco encontramos la respuesta por allí, puede ser que se requiera cambiarlo por razones tecnológicas o de costos, pero no se debe utilizar de estandarte o justificación, entonces seguimos en esta reflexión, encontramos y descartamos que tener un CRM, un ERP y canales digitales no es claramente, ni cualquier producto o herramienta de *software* es en sí mismo una justificación, ¿es una herramienta importante? es claro que sí, pero no la razón principal.

Surgió desde el regulador la respuesta, cosa muy curiosa, encontramos que nuestra base de transformación del negocio a digital es: el regulador nos da una pauta de vertical de ingresos en la *API Economy,* a través del mandato *Open Banking* para la organización.

El negocio digital es otro bicho, se requiere para ello alguien con experiencia en este tipo de negocios; se trata de inmediatez, atención en redes sociales, su lenguaje no del mío, tecnología en tu ámbito no yo en tú ámbito, movilidad, pero no App móvil sino de movernos a tu ritmo, estar donde estás para no forzar la interacción, de esquemas de seguridad importantes, pero con la menor fricción.

Se trata de personalizar la oferta al mercado, o quizás no existe mercado sino comunidades, de no tener clientes sino enfocarse en su momento de interacción con el servicio o producto de la organización… le hemos puesto consumidor para diferenciarlo del cliente que está en base de datos, de estar presente para el cliente para que se repita interacciones de consumidor, de datos que se convierten en información para toma de decisiones.

De hacerse presente sin ser intrusivo para el cliente, acercándose a sus necesidades o anticiparse a ellas, asesorar, de informar, de ser íntimos… pero nunca de vender, interactuar tanto que tengamos confianza, ofrecer negocios al cliente que consume, no productos, del consumidor que nos genera ventas, a través de los negocios que hacemos con él, donde buscamos sea de manera para reducir costos e incrementar el margen digital.

> *Al final, no se trata de ninguna y de todas las posibles tecnologías.*

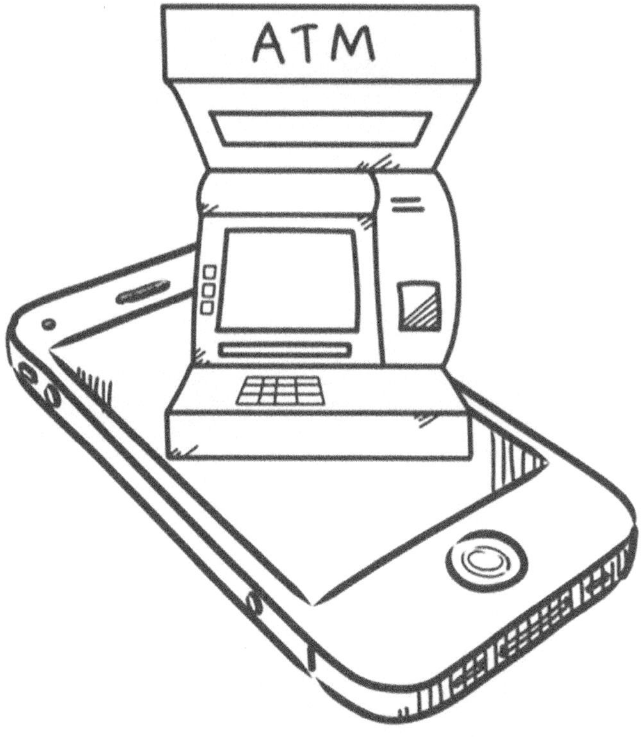

Un cajero electrónico es igual a una aplicación Financiera en un celular

III

La CiberSeguridad como pieza clave del negocio digital

Héctor, necesito que me ayudes con un proyecto para el *NeoBank*, al ser un negocio 100% digital, me interesa sensibilizar a Diego el *Chairman* de BancoT, mi primera línea de la importancia que cobra en una estrategia *Mobile First* la seguridad informática.

Amigo -con mucho gusto le respondí- propongo darte una charla de dos horas, donde te haga un *storytelling* de algunas de mis anécdotas de ataques y cómo afectan a la organización, para luego decirte cómo debes protegerte a fin de minimizar el riesgo ¿te parece bien?

Claro, pero necesito darte una pequeña instrucción Héctor. Dime Justino ¿cuál es esa instrucción? Necesito que me mandes una cotización por esta charla, no quiero nada gratis, tu conocimiento lo vale, del mismo modo puedo exigir mayor calidad de modo intrínseco, si me cobras ambos estaremos en el entendido de que es un proyecto formal.

No contesté rápido como es mi costumbre, Justino me miraba directo, pero sin dureza, me quedé pensando unos segundos, en sí eso es una mala práctica personal me dije, me cuesta trabajo cobrarle a un amigo, ¡claro, sí que soy atolondrado! leyó mi lenguaje corporal y sonrió complacido - son negocios y los negocios son fríos, enfocados en el margen de utilidad– le dije en voz alta... -dijo Justino- estamos de acuerdo ahora.

Una vez que quedamos de acuerdo con el costo por hora, me citó en BancoT para dar la charla de ciberseguridad en aplicaciones financieras, me ha dicho que lo valioso es la experiencia de la vivencia pasada, porque se cubren aristas sentimentales, todos los recovecos del negocio, sumando el hecho de que es real y que le puede pasar a cualquiera, en muchas ocasiones desde el lugar menos esperado.

Me registré el martes pasado en las oficinas de BancoT, me gusta ser puntual, llegué 20 minutos antes por cualquier imprevisto, subí a la oficina, apenas me vio salió a recibirme y saludarme, personalmente (cosa que es un detalle que debo aprender) me llevó a la sala donde sería la charla me presentó a Laura, la persona encargada del equipo de la sala me dijo que regresaría a tiempo para la reunión.

Laura de manera muy amable, me atendió preguntando qué necesitaba, cómo conectarme para la presentación, le pedí un pizarrón y plumones (tengo complejo de profesor, me gusta dibujar, lo hago mal por cierto, pero da idea clara y fresca de que no es muy cuadrada la presentación) para detallar ideas, sonrió de manera particular ante mi petición, después me dijo Justino que le había comentado que apostaba que pediría un pizarrón para pintar, quedo listo todo al cinco para la hora, el equipo de Justino su primera línea empezó a llegar.

Al final llegó Diego, un señor dueño de una personalidad imponente acostumbrado a mandar, apenas entró la sala impuso silencio a toda conversación y murmullo, me saludó muy cordial, en tono de voz fuerte pero normal, agradeció mi presencia y me dijo que empezará por favor, todo en la misma oración en apenas unos segundos.

Saludé a la audiencia, empecé mi presentación, fue más o menos así (después de preguntar puesto y perfil de cada participante): la primera diapositiva tiene la imagen, de un cajero electrónico es igual a una aplicación financiera en un celular, sólo no da efectivo, -dije - leyendo a mi público, podía ver en su lenguaje corporal la aceptación ante mi propuesta, ¡tenía mi primer punto anotado!, ya se empezaban a sensibilizar de lo importante que es cuidar el negocio financiero en digital.

Ahora imaginen, un cajero tiene una línea dedicada, tiene seguridad controlada en donde se instala, con cámaras, sensores de movimiento, monitoreo y etc. pero entonces cuando hacemos una App financiera debemos tener algunas consideraciones que muchos equipos no toman en cuenta pensando que es un cajero.

No sabemos dónde vivirá nuestro cajero, quiero decir en qué teléfono, si tiene virus, si tiene espacio, nadie lo va a cuidar, nadie lo monitorea. Si el teléfono está rooteado (expliqué a detalle que quiere decir este concepto y el riesgo).

Los datos financieros confidenciales, pasan por tres dos entes como mínimo (depende de la arquitectura y el contrato del servicio, les expliqué de igual manera los diferentes puntos cuando es P2P, OMV, etc.) la del banco y el *carrier* de telefonía. No sabemos si es mala la persona que lo instala(*cracker*, usando el pizarrón les detalle los sombreros de seguridad y los nombres que hay para cada uno y el daño que ha causado Hollywood en estos ámbitos de seguridad) además de otros puntos que tenía en diapositivas llenas de imágenes.

Terminado este punto, les platiqué del día que *hackearon* el banco y otras anécdotas que me han pasado, enfocadas en tres aspectos: reputación para la entidad, afectación al estado de resultados, esquema técnico.

Para cuando te *hackean,* es un impacto para la organización en su credibilidad, una entidad financiera necesita que sus clientes tengan confianza en que su dinero está seguro, de lo contrario no lo van a recomendar, esto en definitiva va directo al estado de resultados de la empresa.

¿Y a mí que me importa eso? Decía en modo irónico una diapositiva, si soy programador, o soy el de atención a clientes, o soy la secretaria del CEO, pero no soy el dueño, ni el CEO, ni tengo siquiera un puesto directivo, o en otro sentido, si soy director, pero soy de producto, ese tema de vulnerabilidades es de tecnología… que lo resuelvan ellos.

No tengo que ver en esto, llegados a este punto, les hice énfasis en cómo es importante que todos cuidemos en la organización el estado de resultados, ya que de ahí derivan las decisiones de bonos, de aumentos, de recortes, de incremento o decremento de plantilla laboral, de promociones incluso, la supervivencia del negocio en general es un tema de la empresa y si laboras en ella, es claro que nos afecta a todos.

¿Qué puedo hacer? Sería la pregunta más adecuada, pues muchas cosas se pueden hacer, desde entender que hay leyes y reglamentos a cumplir, charlas como esta de sensibilizar de este impacto, de educación en temas de riesgos digitales para la empresa, no necesitas conocer el detalle técnico, pero si necesitas saber que existe el riesgo y buscar como mitigarlo.

En este punto, Diego hizo pausa, se volteó hacia su equipo Justino incluido claro está, les dijo en paráfrasis mi mensaje y agradeció una vez más mis comentarios.

Espero no desviarme mucho, pero hay otra variable que resta al estado de resultados… les dije, aprovechando el momento que se había propiciado, les mostré esta gráfica:

THE COSTS OF FIXING BUGS GO UP THROUGHOUT THE DEVELOPMENT CYCLE

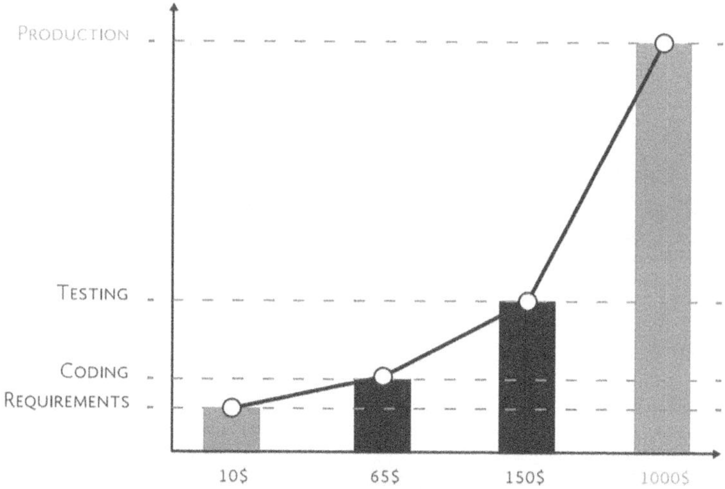

CHART DESCRIPTION

· **Requirements:** costs = the time it takes to rewrite the requirement.
· **Coding:** costs = additional developer hours.
· **Testing:** costs = additional developer, system engineer, PM and QA hours.
· **Production:** costs = additional developer, support, system engineer, PM, bug isolation difficulties, angry customers, reputation damage, customer and QA hours.

SOURCE: IBM SYSTEM SCIENCE INSTITUTE - RELATIVE COST OF FIXING DEFECTS

Es de suma importancia cuidar el estado de resultados, por ello podemos decir que la corrección de errores es el desarrollo más caro. Se debe tener control de calidad, que incluye pruebas de seguridad y programación segura les hice dibujos y esquemas sin jerga técnica a el equipo de BancoT, para darles a conocer el ciclo de vida de desarrollo de un producto digital, enfocado en el negocio que sirve a un cliente.

Finalizamos la charla, platicando e intercambiando ideas y dudas del tema de aplicaciones móviles para *Mobile First*, donde la conclusión es no sólo hacer una App para el negocio financiero, es la herramienta principal, pero no es el objetivo de la estrategia.

Diego se ha ido, no sin antes despedirse de manera muy amable, ha llamado a Justino que me dice rápido: ¡ya regreso!, el equipo de BancoT se ha quedado charlando de otros puntos, me han externado que les gustaría conocer más de estos temas, qué si bien están dentro del negocio financiero, el digital es otro bicho y la relevancia de conocer su fundamento es prioridad -creo que mi trabajo está hecho, me digo para mis adentros-.

Justino ha regresado, Héctor –me dice- al salir Diego me ha dicho que necesita otras dos charlas, una de *Mobile First* los indicadores, ruta para hacerlo y la segunda es para la gente técnica, estaba hablando de esto cuando el CIO se ha acercado a preguntarme si nos puedes dar algo más técnico, para la gente de desarrollo, como gestionar los riesgos que has mencionado.

Nos hemos puesto de acuerdo para las otras dos charlas, estos temas me apasionan de sobremanera y por ello lo puedo hacer gratis (Justino, para cuando leas esto, te aseguro que he cambiado de opinión) pero no lo haré, porque en efecto, he dado más valor cuando he cobrado, porque siento la imperiosa necesidad de esforzarme más para el entregable, dicen que lo bueno cuesta.

... debes pensar como los malos ...

Hackéame... ¡si puedes!

Después de las charlas que di en BancoT, Justino en tono confidente me dijo: la ciber-seguridad no me deja dormir amigo, Diego el Chairman me dice y me lo repite: si te enfocas en operar pierdes de vista la estrategia y no hay crecimiento, si pones tu atención en la estrategia lejos de la operación, le damos la bienvenida al caos, la operación se atiende con procesos, la estrategia con gente. Me he preguntado ¿la ciber-seguridad es operación o es estrategia?, ¿a qué conclusión has llegado? –le dije-

Lo he pensado durante semanas, hasta que me di cuenta de que el consejo de Diego aplica cuándo el negocio era analógico, en la era digital tenemos componentes que están con un pie en ambos lados te explico.

Ciberseguridad como estrategia; es como generalmente se hace, por ello no me hacía mucho sentido -dijo iniciando el relato– se establece una certificación de los servicios y se hace una inspección de cuando en cuando, para verificar que todo este correcto, es decir, es algo que se planea por anticipado dejando espacios de tiempo entre un evento y otro, es como preparar la fiesta y olvidar el día del evento confiando en los procesos establecidos.

Ciberseguridad como operación; ¿los que quieren encontrar un hueco en nuestra seguridad?, ¿cómo piensan? Me llegó la respuesta viendo una serie en Netflix: "debes pensar como los malos" dijo el actor que representa a un agente del FBI . Los malos piensan en atacar diario hasta que lo consiguen, su objetivo es vulnerar no saber si es fuerte y no es para recibir un premio, el premio está detrás de ese fuerte infranqueable... según nosotros.

Considero que la ciberseguridad tiene dos lados que no pueden verse, el que defiende y el que ataca, si lo vemos desde la estrategia: defendemos, pero quedamos expuestos, es menester cambiar de forma de pensamiento desde la operación. El premio de la estrategia termina en sentirse protegido, mientras que el de la operación su premio está detrás de esa protección.

Encontramos que la ciberseguridad es un ejercicio constante entre ambas caras de la moneda, no se puede pensar en estar seguros desde la estrategia, ni se termina cuando se ha encontrado algo desde la operación, es un ir y venir constante, un ejercicio de poder sin fin, el objetivo cambia una vez que se consigue por algo más ambicioso.

El reto ahora era como actuar frente a este hallazgo, por ello tenemos el programa: ¡hackéame! si puedes, contratamos a tres agencias y cinco hackers de renombre mundial, sólo los conocemos yo por supuesto, Diego y el financiero que le paga a través de un proceso no rastreable fiscalmente… sobre todo para los hackers, las empresas son legales en su totalidad.

El CIO no tiene conocimiento de cuándo o como lo hacen, ni sabe si es un ataque real o controlado, de pronto llegan recomendaciones que debe atender y listo, a su vez tiene asesoría de cómo defenderse de estos ataques y la regla es simple: si descubre a mis hackers ¡los despido!

¿Cómo ha ido funcionado Justino?, los resultados han sido muy buenos – dijo – lo complicado es explicar la partida presupuestal al Consejo, pero cuándo le expones en términos financieros en analogía de un seguro de vida, todo el panorama cambió. Hemos detectado con este enfoque, cientos de vulnerabilidades que, de otro modo, nos pudieron costar caro los ataques son diarios los 365 días del año, desde automatizados, con ingeniería social hasta especiales, estos suceden cuando se mandan cambios a producción por cualquier motivo.

Trabajamos fuerte en procesos y en las personas, ahora he dejado en manos de los expertos el tema, lo sigo de cerca pero más de momento no puedo hacer, cubro la regla de Diego y con eso estamos en común acuerdo.

¿Y la regla de Diego es? –pregunté– **"cubre el 80% del riesgo operativo con procesos, el 20% es incertidumbre que es parte del día a día, delega ese 80% y enfoca tu atención al 20%".**

De este modo, tengo un 20% de tareas para dejarme espacio a la estrategia, eso hace más fácil mi quehacer y así estoy paso a paso por todas las áreas de BancoT, bajo este mandato del *Chairman* – dijo para concluir –.

La eventualidad asegura la diversión o el desastre

Si muere la banca ¿estás preparado?

Ayer le llamé a Justino, viendo una serie en Netflix, donde el personaje principal le pasa una serie de cosas nada buenas y resulta que sólo era un sueño, ese viejo truco para atraer tu atención, me surgió la pregunta que da título al artículo, ni tardo ni perezoso le he marcado, para conocer su punto de vista al respecto.

¿Cómo estás? –dije apenas me respondió Justino – Todo bien Héctor ¿tú qué tal?, me salté todas las formalidades dada la amistad y le solté: tengo una pregunta para ti y me gustaría saber qué opinas, adelante dime qué pasa por favor, ¿Si muere la banca?, ¿Qué pasará contigo?

Me sorprendió una vez más y apenas terminé la pregunta me dijo lo siguiente: es algo que ya había pensado, el taller de CEOs nos ha comentado al respecto sabes, el punto donde han partido es interesante, te cuento: ¿Cómo puedo medir los saltos de la innovación?

Nos preguntaron, pero esperen un poco, dijo el instructor, antes de contestar les daré un breve contexto para darle más sentido a la pregunta, se trata de entender que la innovación es la que hace cambios en las formas de trabajar, en las industrias, en los productos y servicios. En general en la vida de las personas, estamos en un tiempo que estas son muchas veces exponenciales gracias a la tecnología y sus avances. Dicho lo anterior, me parece que es válido preguntar sobre los saltos en la innovación, como una variable tendencial en el diseño del futuro de un CEO.

Quedamos mudos por un rato, luego empezamos a decir cosas para tratar de encontrar una respuesta adecuada y montados en el colectivo explorar nuevas respuestas que nos acercarán a la mejor alternativa, pero nada nos satisfacía, se puede tratar de percibir por variables, pero entran en juego palabras que asociamos a conceptos que usamos para tranquilizarnos en lugar de darnos respuesta: incertidumbre, adivinanza, impredecible, bola mágica, pendiente, imposible y todo lo que tiene que ver con el futuro.

Al cabo de unos 20 minutos que el instructor nos veía dando vueltas y cuando le pareció que llegamos a un callejón sin salida, nos dijo: para averiguar cuántos y el impacto de los saltos en innovación se pueden lograr en el futuro, podemos basarnos en el pasado, entonces veamos, da un salto de 20 años hacia atrás en el pasado, observa que no había entonces y que hay ahora, entonces imagina 20 años adelante.

Estamos en 1999, es como leer un almanaque de ese tiempo, había sucursales y no se nos antojaba que fuera de otro modo, de hecho, en esos días nos decían que la sucursal financiera era la joya de la corona del negocio, no teníamos un lugar para quejarnos como las redes sociales, estábamos haciendo innovación creando un portal web para integrar los servicios financieros.

¡Sólo son 20 años! Y se han ido sin notar el avance -ojalá pasara lo mismo con mi cuerpo dijo Justino por lo bajo- que sucede poco a poco, quiero decir, yo lo enfoqué al sector financiero, lo que teníamos en esos años y era innovador, recuerdo que hacíamos cosas con WML (recordé aquellos días con Justino, lo conocí en ese Banco justamente y en 1999 era la manera en que hacíamos banca móvil), nos celebraron por mostrar en un celular – le interrumpí y le dije- ¿recuerdas, hicimos *TextBanking* con *SM*S pero teníamos el mismo tema que se tiene con *WhatsApp* ahora -Justino completo mi frase – ¡el historial que no se borra con los saldos del cliente!, como olvidarlo, si por supuesto.

Pero regresando al tema, encontramos que el futuro con las variables identificadas puede ser interesante por medio de la innovación … pero: ¿Si la innovación lleva a la muerte a la banca?, dice Justino.

Y es el ejercicio que nos han hecho hacer, para nuestra gente que es sin duda: el activo más importante de la organización. El reto es crucial, prepararnos para el futuro catastrófico, donde la banca ha desaparecido, pero tienes que sobrevivir, por lo que encontramos que se deben hacer propuestas de valor de manera personal, te comparto algunas que me ayudaron a tener claro el valor en relación con el aporte para la organización sin descuidar mi beneficio.

Debemos encontrar el factor común en estos saltos de innovación, aquello que nos puede servir para enfocar esfuerzos. De esa reflexión partimos y encontramos una variable que sigue presente para las personas y para los procesos: vender, es la habilidad que ha perdurado en el tiempo, la innovación acerca nuevos modelos, pero en esencia seguimos vendiendo-comprando en otros medios y otros modos, pero el modelo económico persiste.

Si la banca muere, o por lo menos pasa a segundo plano como una banca embebida, lo que ahora podemos hacer desde el punto de vista de personas, es entender que debemos aprender a vender (debo decir que me he quedado sorprendido por tal pueril explicación al respecto, esperaba algo más sofisticado o interesante en un taller de CEOs) incluso en favor de la organización.

Si lo enfocamos o nos enfocamos todos en un modelo comercial, no importa si eres de tecnología o de *call center*, o la asistente del director de tal o cual área, de contabilidad o finanzas debemos enfocarnos a buscar negocios para el negocio.

Como empleado puedes cambiar de sector cuando quieras, la habilidad que te puede llevar lejos es vender, si la banca pierde este estatus quo del que ahora goza con una transformación digital originada desde el negocio sucede, se van a perder empleos y surgirán nuevas necesidades que es probable no podamos cubrir las generaciones más antiguas.

Soy un CEO de cuarenta y tantos años (reímos de buena gana ante la mención de la edad de Justino), me he formado en el nacimiento del esquema digital, eso me da cierto valor para la organización pero pronto llegarán los nativos digitales que no conocen otro esquema de comercialización con ideas y propuestas que sumen al negocio, incluso mucho más que las mías… (noté algo de nostalgia en su voz pero decidí no interrumpir su reflexión), claro que no es algo que tenga que preocuparme, sino debo ocuparme, el mix es valioso en entender que no estamos digitalizados al 100%, en LATAM tenemos mucho que hacer por la inclusión financiera y mucha gente no tiene servicios de telecomunicaciones para llegar esquemas de digitalización financiera (se desvió un poco del tema y me ha contado la diferencia entre hacer inclusión financiera y digitalización financiera).

El taller de CEOs me ha enseñado que debo vender o aprender a hacerlo, es la habilidad que gestiona de la mejor manera en riesgo de la innovación, de la digitalización, incluso de la tecnología amigo.

¿Si la banca desaparece como la conocemos? Lo que perdura es un negocio que debe vender primero, para generar modelos de negocios diferentes en respuesta a un mercado cambiante, pero el negocio no puede morir sólo puede ser transformado –dice Justino-.

Hablamos entonces de la evolución de la banca, el que se adapte y sobreviva es aquel que entienda, lo que importa es vender, luego la rentabilidad, hoy día tenemos modelos de negocios diferentes, la administración tradicional ya no aplica más debe evolucionar conforme la innovación y el cambio de modus vivendi de la gente.

Me ha explicado los modelos de negocio *BigTech* (*GAFA, BAT, Twitter, Rappi, Uber, etc.*) bajo la premisa muy simple de entender lo siguiente: si competimos con modelos de negocio tradicionales que han respondido bien en el tiempo contra modelos de negocio nuevos que responde bien el mercado, el nicho de millennials responde a experiencias, el tiempo avanza y más generaciones de preferencias similares se unen a la población económicamente activa.

Va más allá de si se basa en modelos de crecimiento, de experiencias digitales, de BigData y Blockchain amigo, se trata de los mismo de siempre: el mercado que demanda un producto o servicio desde su menor esfuerzo y maximizando su satisfacción, qué como siempre comparte, sólo en constante crecimiento, esto se convierte en un factor determinante para la gestión del cambio de cara a las organizaciones o muerte.

O dicho de otro modo es como dicen: si hablan bien o mal de ti no importa, el chiste es que hablen, -dijo Justino-, la reflexión que me han dado en el taller de CEOs, es simple pero no deja de ser muy útil, se trata de entender los principios de la economía, quitar la paja de sobrein - formación digital, aunque no te guste mucho el tema, si empoderas tu negocio por la tecnología puedes caer en el vicio de hacer por hacer.

Quiero decir adoptar *BigData, Blockchain,* Inteligencia Artificial, *Apps, Bots* , Microservicios, *QR's* y demás temas de moda, así como esquemas de Ágil, *Design Thinking , Scrum, SAFe, UX, Service Design,* como medida de arreglar tus problemas de cuota de mercado puede resultar contraproducente, si no se hace un análisis previo de que es lo que te duele, muchas veces resulta que tu mercado no está preparado y no necesita estas soluciones, sino que requiere cosas más simples.

Seguimos la charla en este tenor, estuvimos poco más de cuatro horas comentando al respecto- bueno Justino ilustrándome más bien,donde me ha platicado de ejemplos claros de estos temas, donde el mercado no necesariamente debe tener el nivel tecnológico para que sea beneficiado de la tecnología y viceversa ha resultado muy interesante esta dicotomía dual complementaria.

Una posible conclusión final, es que las habilidades perduran y los conocimientos tienen fecha de caducidad, comprar un seguro de vigencia y permanencia se orienta más al terreno de las habilidades.

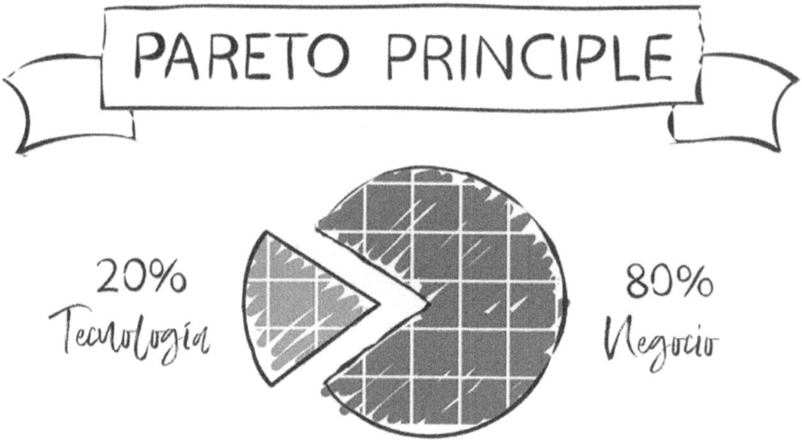

Digamos que es un 80/20 como principio de Pareto

Justino

Open Banking no sólo es tecnología

Con un poco en tono de molestia ante un retroceso en el tema de *Open Banking*, me ha llamado Justino, me pregunta si nos podemos ver para comer, para que por favor le haga ver mi punto de vista con respecto a este tema que él pensaba ya tenía entendido, nos hemos reunido cerca de su oficina de BancoT.

Apenas nos vimos, nos saludamos y le dice al mesero que amablemente nos atiende, por favor, Raúl, tráeme la recomendación de la casa ¿está bien Héctor? -me pregunta y digo que perfecto- para tomar un par de cervezas por favor. Es que quiero ahorrar tiempo para aprovechar al máximo tu tiempo -me dice Justino-.

Dime Héctor, entiendo ahora que *Open Banking* no sólo es un tema que exige el regulador a las áreas tecnológicas, además vamos a entrar todos los participantes en el sector financiero, eso además de representar un hito en nuestro país, nos debe poner manos a la obra a todos, debemos cooperar como lo hemos hecho con CoDi para salir adelante en esto.

Pensé que *Open Banking* era algo que el regulador le exigía a tecnología, llego al taller de CEOs, me hablan de *API Economy* , luego, vienes tú Héctor y me dices que se trata de obtener beneficios automáticos ante eventos. ¿Pero que no sea un tema de *APIs* ? o en tus palabras, muy muy lejos del beneficio del negocio, no me queda nada claro –iba a responder- cuando llega Raúl, con dos platillos recomendación de la casa, nos dice la razón de la especialidad en la preparación y los ingredientes, nos trae dos cervezas de barril, con una sonrisa de complicidad nos desea provecho que disfrutemos el festín.

Justino me dice que guarde para la sobremesa mi comentario, comimos casi en silencio, con calma, cosa que le agradezco el platillo se ve delicioso y quiero disfrutarlo con la cerveza, el calor de la ciudad, aunado a tan genial compañía no puedo más que agradecer a la vida por este momento. Una vez terminados los alimentos, llega Raúl, qué está muy atento a nuestros momentos, nos ofrece postre y café (tomo nota mental de su amabilidad, para la hora de la propina me digo para mis adentros). Ahora sí, tomo la palabra y le digo:

¿Está claro para ti que son las *APIs*? Claro Héctor, es pasar información entre sistemas de cierta manera que les llaman estándar y que ambos entienden previo acuerdo. Perfecto, pero para lograr APIs en el sector financiero, te tengo una muy mala noticia (Justino se arrellana en la silla en señal de atención), resulta que se requiere CAPEX y OPEX para lograr esto -Justino me exige que hable en términos financieros para que entienda más rápido, por lo que me ayuda a entender estos conceptos y usarlos en nuestras conversaciones-.

Si viene un consultor experto en *Open Banking* a ofrecerte un *API Manager* o algo parecido, huye como a la plaga -Justino sonrió por mi coloquial expresión- ya en serio, quiero decir que va más mucho más allá de sólo hacer *APIs* y contar con un estándar de intercambio de mensajes, es más podemos estar sin estándar de hecho, pero luego hablaremos de eso, para no desviarnos como siempre, me centraré en responder tu pregunta de manera puntual

Es probable que tu área de tecnología quiera separar los procesos de Open Banking del resto de la operación lo cual me parece una decisión totalmente acertada, para ello necesita servidores, desarrollo, un *API Manager* también – espera Héctor me interrumpió Justino- acabas de decir que le huya como a la plaga amigo -y nos volvimos a sonreír con la expresión- ahora me dices que necesito uno ¡me he perdido más! Tranquilo, espera, quiero decir que una empresa de tecnología si te debe ofrecer un *API Manager*, pero no así una experta en *Open Banking* –interesante separación dijo Justino–.

Digamos que es un 80/20 como principio de Pareto, el 20% de *Open Banking* es tecnología, el 80% es negocio, pero el 20% va a generar el 80% de gastos. En este 20% tenemos OPEX y CAPEX, seguridad, monitoreo, desarrollo de *APIs*, disponibilidad, servidores, data centers, certificación (si la autoridad la impone) equipo de trabajo, mantenimiento, etc. es un proceso normal de desarrollo de tecnología, compra de licencias de *software*, telecomunicaciones, *firewalls*, DMZ, esquemas de alta disponibilidad entre otras cosas, no vale la pena detallar en este momento por que depende mucho del enfoque, del tamaño de la empresa y de si sólo se quiere cumplir con la autoridad.

Por eso el enfoque de 80% de negocio cobra valor, porque este 20% que ha generado el gasto debe retornar ingresos para la organización –dice Justino-. Debo comentarte para ser fiel a los hechos, que tuve que pedir me repitiera la frase a Justino dos veces para entender, me enredo con el Pareto este y la anoté para ponerla tal cual me la dijo, la leí y estuve de acuerdo con su razonamiento, cinco minutos después.

Te falta recuperar la inversión, para eso necesitas un enfoque de 80% en negocio -replico Justino-En Open Banking el reto son los casos de uso de negocio, por eso le doy el 80% de peso en la estrategia.

Una empresa experta en *Open Banking* debe hablar de estos casos de uso más que de *APIs* ¿cierto? –dijo Justino–

Por eso dices que no se trata de *APIs* y entiendo ahora por qué están lejos del beneficio del negocio, pero puedo contradecirte, son una herramienta necesaria para los casos de uso y para ello si es viable invertir.

Toda inversión busca un retorno de esta, *Open Banking* debe ser visto bajo esta misma luz, ahí es donde tenemos el reto de monetización y la economía de las *APIs*. Entonces Héctor, puedo estar en lo correcto si digo lo siguiente: **La relación de generar casos de uso es directamente proporcional a las posibilidades de ingresos para la organización.**

No me tomé ni la molestia de entender su frase, sólo la anoté mentalmente, la dijo tan convencido que pareció más retórica que filosófica. Bueno ya que lo tienes claro, te tengo una noticia interesante, no sé de manera honesta si es buena o mala, quizá me da flojera darle un valor y lo dejamos en interesante a fin de buscarle el reto: las *BigTech* son expertas en *API Economy*.

Con *Open Banking* se democratiza el mercado financiero, no se trata de competir con los modelos de negocio de los expertos *Bigtech*, se trata de buscar nuevos modelos (Océano azul) para inclusión financiera, es probable que las *Fintech* tengan además hay más disposición por ambas partes la manera de hacerlos realidad. Suena interesante y estoy de acuerdo – dije ante su comentario- pueden ser como su extensión en temas digitales a partir de colaboración de casos de uso mediante interoperabilidad más que sólo *APIs*.

Espera Héctor ¿qué cosa es eso? -le repetí con un poco de trabajo la palabra interoperabilidad-quiere decir que dos o más sistemas, aplicaciones o software pueden platicar entre sí, a platicar me refiero que pueden intercambiar información con total independencia para las partes de como la generan o procesan para entregarla, en español sencillo -ante su cara de no entender nada-podemos decir que te entrego y recibo información, sin que te importe como le hago para tenerla disponible – está claro dijo–.

La razón de que esta sea en mi opinión claro está, el objetivo principal es más importante que un estándar para *Open Banking,* te explico ahora con un ejemplo sencillo: si Amazon y PayPal hubieran tenido que esperar a un estándar que los regulara, no podría comprar libros en línea con cargo a mi tarjeta.

Entonces un caso totalmente hipotético, imagina que no existiera manera de hacer *API* por un tema técnico, interoperable quiere decir que se logra el objetivo de intercambiar información entre Amazon y PayPal, quizá por mail pasan los datos de mi tarjeta para hacer el pago, da igual mientras se logre que como usuario compre en línea.

Es claro que las *APIs* son las reinas de la interoperabilidad, no conocemos hasta el momento nada mejor para lograrlo. Si la banca ofrece interoperabilidad ha dado un paso gigantesco a nuevos modelos de negocio, mucho más importante que si cumple o espera el estándar del regulador.

Esto es tecnología que hacemos desde hace más de 20 años, nada nuevo hay en esto, ahora el reto es hacerlo de manera, segura, confiable y controlada al menos desde esquema técnico para el resto del mercado, eso es *Open Banking* en un amplio termino -le comenté a Justino –.

Adelantarse o tener un proyecto de interoperabilidad, es la piedra angular quién quiera hacer negocios se va a conectar por interés, te puedo decir sin temor a equivocarme: integrar procesos distintos sin un marco unificado como estándar, es mucho más barato y efectivo que esperar al regulador con su dictamen final de cualquier manera, muchas *Fintech* nacieron así.

En ese momento, terminamos el café y el delicioso postre, casi nos despedimos, poco antes de que llegar la cuenta, Justino dijo; pero espera, tengo un punto que no hemos tocado y casi lo olvido, por qué dices lo siguiente: la base de los casos de uso de *Open Banking* se trata de obtener beneficios automáticos ante eventos, pero sin intervención del cliente.

El efectivo es el rey y buscar no usarlo es suicidio empresarial en el tiempo que vivimos

Justino

¡Justino despedido! por Mobile First en BancoT

Justino me llamó el martes como a las 20 horas, la verdad es que andaba súper ocupado revisando unos temas de CoDi para uno de mis clientes, estuve tentado a no tomar la llamada para no distraerme.

Hola Héctor, espero no quitarte mucho tiempo, no Justino para nada, estaba con los temas de CoDi para un cliente, ya ves cómo está la presión por parte de la autoridad para salir en tiempos. Si claro, pues yo espero pronto meter CoDi en la App de BancoT, espero me puedas ayudar con ello, sé que ya llevas experiencia con el proyecto y por ello eres el indicado.

Con gusto, hemos tenido un buen avance con sus esquemas de seguridad, notificación y las cuatro rutas, pero no creo que me hayas llamado para eso ¿cierto? Tienes razón amigo -te busco para saber si podemos comer el miércoles, te quiero platicar mi estrategia Mobile First que me han diseñado – Por supuesto que sí, acordamos el lugar y nos despedimos.

El miércoles ha llegado puntual Justino, - apenas me senté, Justino empezó a contarme del proyecto- primero he de decirte que vino la justificación de por qué hacerlo así *Mobile First*, llegó el director de producto, muy orgulloso con su equipo me han mostrado pantallas los flujos operativos, donde han definido la experiencia con base a buyer persona, han probado con pruebas de guerrilla el concepto y ha sido aceptado por el público objetivo.

La App – ha dicho Martín el director de productos- está diseñada para móviles, la experiencia es completamente para *millennials* y no asistir a sucursal, los procesos serán digitales al 100% ya que somos un *NeoBank* aquí en BancoT.

Los colores, usabilidad, fuentes, operación le hacen que sea una experiencia para recomendar a sus amigos, 4 de cada 8 personas lo harían, hablamos de un 50% me dijo –puse cara de si entiendo que la mitad es 50%, pero no digo nada– la podrán bajar de las diferentes tiendas y haremos liberaciones cada dos semanas religiosamente para estar siempre actualizados con los clientes y los consumidores -en este último enunciado un poco forzado o mejor dicho, recuperado para diferenciar clientes de consumidores que tanto les he dicho, ha cambiado la voz para hacer notar que está usando los conceptos clave –.

La verdad es que ha sido una presentación muy buena –les digo al terminar– me paro de la silla, pido por cortesía me aclaren unas dudas que tengo de un par de procesos, cada vez están más confiados, se acomodan en la silla en señal de satisfacción de un trabajo bien hecho.

Pasan por mi cabeza pensamientos rápidos, tengo apenas unos segundos para tomar esta decisión, no puedo esperar mucho ya que perderá fuerza y no tengo la menor idea por dónde empezar, diablos pienso ¿cuánto tiempo habrá pasado ya? Mi pausa después de la duda se alargó demasiado, ya que me interrumpe Martín con toda confianza en su voz afirma una vez más: ¡Es la estrategia Justino!

Me maldigo para mis adentros, debí dar muestras de lo que pensaba cinco minutos antes, me reprocho al instante, ahora su decepción será más profunda, -le contesto- sí Martín, la propuesta de *UX, UI* y usabilidad sin duda son muy buenas, felicito a Luis y al equipo de la agencia que lo han hecho, la sala tiene como 12 personas escuchando, clavándome la mirada al mismo tiempo, corrijo mi postura para hacer notar mi autoridad ante el equipo y sigo con mis comentarios.

Martín -él se voltea muy contento, enfoca más atención conmigo- he cometido un error, quiero regresar un poco por favor, espero no lo tome a mal nadie de la reunión – todos asienten con la cabeza, se preparan para decirme si quiero la explicación completa de nuevo – les agradezco mucho su esfuerzo y no gracias, no me refiero a la presentación de la experiencia en la App, es muy buena, ha quedado claro que es intuitiva por sí misma, donde tengo la duda es algo más simple y particular, quiero saber la opinión que tienen todos en esta mesa del siguiente concepto.

¿Qué es una estrategia *Mobile First* para un *NeoBank*? Hago énfasis muy fuerte para para tenerlo en cuenta, apenas terminé la primera parte de la pregunta, su lenguaje corporal de la sala denota confianza para la respuesta de manera general, cuando recalco que es una variable importante para considerar el ánimo decae y evitan de manera inmediata mi mirada, como cuando el profesor en la escuela no quieres que te pregunte.

Lo pregunto para entender y es probable que esté yo mismo equivocado en el concepto -les digo tratando de que recuperen su confianza inicial, en cuyo caso debemos cambiarlo para tener todos los mismos entendidos, pero por favor me interesa conocer su opinión -les animo un poco, suavizando la voz-.

Martín en su papel de líder que por cierto lo hace perfecto, toma la conversación, me dice: Justino, La estrategia *Mobile First* para un *NeoBank*, quiere decir que es la herramienta para el negocio, no es una App es mucho más que eso, no se trata entonces de *UX/UI* o lo que has visto, lo complementa sin duda, pero no es el fin. Lo has dicho antes y hemos vuelto a los vicios detaller –en ese momento deja de verme y se voltea con su equipo, ya no es conmigo el asunto es con todos ahora –

¡Se trata de pensar en que quiere el cliente para que sea consumidor recurrente! Es muy seguro que no quiera bloquear su tarjeta, eso lo va a necesitar si le ocurre algo o si de alguna manera se le evangeliza que es una buena práctica para ciertos casos o se le pone un escenario para que sepa que tiene esa facultad - dice Martín-.

El riesgo lo corre el cliente no el banco, si le roban su tarjeta, para ello debe sentir la confianza y cambiar la frase, si se te pierde tu tarjeta el banco corre el riesgo contigo por eso te vamos a proteger – añade Martín-. Me he sentido contento por tenerlo en mi equipo, la verdad es que hace una labor impresionante.

En ese momento, ha entrado Diego el *Chairman* de BancoT, le avisaron o se ha enterado cosa que no me hace nada feliz, que hay presentación de la nueva App para BancoT y llega listo a que se la presenten.

Si había ganado puntos Martín los acaba de tirar por la borda, lo sabe cuándo apenas me mira de reojo evitándome, buscando alguna excusa ante el error de menospreciar mi autoridad, en ese momento me pongo rápido en sus zapatos y encuentro una costumbre previa a mi llegada, claro me digo, antes todo era directo con Diego es natural que sientan que sigue así, tengo que hablar con ellos al respecto, suavizo la mirada y la voz.

Martín, por favor le presentan a Diego el proyecto de la estrategia *Mobile First*, claro un pequeño indicio del error no se debe desaprovechar, acepta el reproche y dice: Luis me ayudas por favor y se dirige al *Chairman*, es un paso previo a la estrategia de BancoT, es sólo la App con un sentido nuevo... como lo habías pedido hace 4 meses atrás... -ah ya entiendo ahora, creo que la junta será larga y suspiro- ... nunca pensé que terminaría ¡despedido!

Le explican a detalle el proyecto a Diego, quién no da señales de ningún tipo, sólo está atento a lo que le muestran, pregunta un par de cosas sencillas sin notar a favor o en contra, cuando han terminado, se vuelve a mi silla y me pregunta: ¿qué opinas?

Me tomo dos segundos, celebro que Diego me dé el lugar correcto para con mi responsabilidad en BancoT, le explico lo mismo que Martín nos comentó al final, sin decir que está mal, sino que nos falta un paso previo de entender que debemos ofrecer para sentar el pilar del negocio.

La confianza es la base de una venta y una recomendación, nos debemos enfocar en estar comunicados para lograr que los clientes sean consumidores recurrentes. Me parece genial el trabajo que han hecho, aunque con un paso previo podemos dar impacto más que buenos resultados -digopara rematar como buen CEO y la sonrisa de Diego ligado a su comentario me da la razón-.

Se levanta para retirarse satisfecho de lo que ha oído, se abrocha el saco, pero… antes de irse y casi en la puerta dice: veo que mi CEO entiende que debemos ser digitales para erradicar el uso de efectivo. Amigo Héctor, no sé si pasaron 5 segundos o un minuto sabes, me quedé pasmado con lo que escuché y antes de que saliera de la sala de juntas, lo atajé con un comentario que me ha costado el puesto.

El efectivo es el rey y buscar no usarlo es suicidio empresarial en el tiempo que vivimos.

Le solté en la cara al *Chairman* de BancoT, ante el trillado discurso de que debemos entrar en modelos digitales… justo puso esa misma cara que tú, he tratado de usar el mismo tono de voz para platicarte, me tenía harto con la maldita cosa de que debemos eliminar el uso de efectivo para nuestros clientes, todo tiene un límite y el mío llego.

Diego se ha levantado de la silla, me ha mirado un par de segundos, muy molesto ha dicho con voz fuerte sin gritar: ¡Justino, estás despedido! Un CEO de un *NeoBank* no puede pensar de este modo de ninguna manera… los inversionistas que represento no comulgan con esta manera tuya de pensar, estuve abierto a escuchar tus ideas, pero esto sobrepasa el modelo empresarial que queremos implantar y por el que estos inversionistas han apostado, ¡con que cara les voy a decir que realmente mi CEO no cree que no usar efectivo sea lo correcto! y su coraje iba en aumento.

Ha cerrado la puerta de un golpe, pero lo ha hecho por dentro, se regresa a su silla y sin importar el equipo que está en la sala, todos queriendo estar a kilómetros del lugar en ese momento y yo incluido. Se pone de pie, me mira fijamente, no dice nada y se vuelve a sentar, toma dos sorbos lentos de agua mientras se hunde en pensamientos… que momento de tensión me dice Justino, -yo sigo atento al borde de la silla del restaurante, si viene el mesero a interrumpir ¡lo mato! -.

Amigo, sigo de pie sin moverme, han pasado unos segundos eternos, pero ya estoy poco a poco más tranquilo, me juego la última carta que tengo bajo la manga, ya está perdido todo que más puede pasar -pienso en modo fatalista-. Le repito la frase, pero ahora más lento, pero con la misma firmeza, ante la mirada atónita de todos los presentes. El efectivo es el rey y buscar no usarlo es suicidio empresarial en el tiempo que vivimos.

Diego no se inmuta siquiera, sólo veo un pequeño rasgo en su lenguaje corporal que invita a una explicación, lo tomo como bueno y sigo: me has contratado para enfocarnos en margen digital, hacerlo crecer año con año, le digo mirándole desafiante… cosa de dos microsegundos, le bajo a la intensidad, más vale no abusar me digo para mis adentros. Me cambia la mirada, ahora no tiene coraje sino una curiosidad que se le transparenta, la tensión baja en la sala a un punto soportable para todos.

La estrategia es motivar y evangelizar el integrar el efectivo a un esquema de manejo digital – dije-¿y cómo haremos eso? – me pregunta Diego, si lo que importa es no usar efectivo, como lo propone el regulador con CoDi… ya han dado el primer paso . Estuve a punto de engancharme a discutir, pero decidí saltarlo no era la ocasión sino parecería necio y que sólo quiere ganar la discusión, cuando mi objetivo es trazar la estrategia del banco.

Si enfocarse en no usar el efectivo fuera una gran apuesta, no existirían modelos de negocio como los que tienen las *BigTech* – dije-. Ante esa afirmación, Diego termina de relajarse, así lo indica sus hombros, su postura en general, se queda pensando un momento, se da cuenta que su trabajo no es pensar sino exigir, para eso contrató un CEO, levanta la mirada y ejerce su derecho: explícate, Justino por favor.

Los consumidores buscan beneficios, no características. En esa medida, debemos extender su interacción con los servicios del banco, es muy simple en realidad y es del dominio del sentido común –luego me arrepiento un poco del insulto intelectual inconsciente, pero está dicho –ya que se puede observar en cualquier ámbito.

Si te ofrecen beneficios quieres estar, si estos son valorados por un grupo de personas con intereses comunes, el costo que esto representa no es una barrera cuando lo que importa es pertenecer. Eso ocurre con los clubes, las membresías, los casinos donde hay fichas y no representa una barrera donde no hay efectivo.

Diego se levanta de su silla, se abrocha el botón superior de su saco, mira a todos de hito en hito, dice fuerte y claro: señores y señoras, Justino es el CEO de BancoT, de manera pública les hago saber de mi error y ofrezco disculpas a todos, pero en especial a ti - volviendo la mirada en mi persona - no sólo por decir que estás despedido que me da vergüenza mi arrebato, sino por usurpar tus funciones de director general.

Será un honor que sigas al frente de esta empresa, caso contrario lo entiendo perfecto, te aseguro que pagaré el precio Justino, mi error ha sido grande en esta ocasión, las consecuencias vienen de manera inevitable -dijo visiblemente emocionado- eres un visionario por ello te hemos dado la responsabilidad y tienes mi total confianza.

Le doy las gracias por sus palabras y le aclaro de la manera más sutil que delimitadas las responsabilidades, el bien común se podrá lograr a través de la suma de esfuerzos, apoyo entre las partes, caso contrario nos desgastaremos en saber quién tiene la razón y quién falla –esto último lo comparto mirando a todos los personajes de la sala–.

Si te parece bien, en la reunión de resultados ante el consejo discutimos mi salida de la empresa porfavor – Diego da media vuelta y asintiendo con la cabeza sale de la sala de juntas–.

La ley exige y el negocio no espera:
Encontrar una herramienta de ayuda es la misión

Justino

BaaS
El arma oculta de la Fintech

Nos vimos en un bar, fuimos por una cerveza el viernes pasado para platicar más a gusto y una vez que entramos en temas de su amenaza de despido. Amigo, he vuelto la mirada a la *Fintech.* ¿Y cómo fue eso? ¿estuviste buscando trabajo de manera abierta? - le pregunte-.

No Héctor, me habló Julio un buen amigo que está en un fondo de inversión, platicamos de cómo me va en BancoT, le platiqué lo que ha pasado, mi despido y amablemente me ofreció llevarme con una de las empresas *Fintech* que están apoyando con inversión, me dije que no tenía nada que perder y fui a entrevistarme con esa empresa.

Su modelo de negocio es muy interesante, en tres reuniones he aprendido mucho acerca del sector, las propuestas que traen estos señores y que son de esas situaciones donde las estrellas se alinean.

Eso se oye interesante -le dije a Justino, muy intrigado, por favor platícame, él sonrió complacido. Manuel me ha presentado con unos chicos que ya operan su *Fintech,* se llaman Gerardo y Joel, la propuesta de su negocio es una apuesta en un nicho de mercado particular, han visto un dolor del mercado en los estudiantes de universidades privadas en temas de operación financiera.

Su oferta es darles una tarjeta de débito para operar sus finanzas personales, para tener control ellos con sus papás y no manejar tanto efectivo, pagar su transporte o lo que necesiten en general . Ya tienen un mercado creciente en ciudad de México y están por ir a las ciudades más importantes del país para expandir el negocio, la tarjeta está personalizada con la marca de la *Fintech,* ¡ofrecen a través de *APIs* servicios extendidos para negocios de terceros!

¡Héctor! son dos jóvenes de menos de 30 años, me impresionaron tanto en que saben y conocen su negocio, están enfocados en hacer marketing en crecer su mercado, enfocados totalmente. Una *Fintech* enfocada en crecer su negocio, que ha comprobado el dolor del mercado y que paga por ello, no la dejes ir; Inversor, empleado, cliente.

Por ello han logrado inversión con este fondo de capital, son unos chicos muy dedicados con muchas ganas, la verdad es que me tenían muy entretenido, me han ofrecido ser su CEO para llevar con mi experiencia a su *Fintech* a otro nivel, algo no me hizo sentido, me hice una pregunta de inmediato: Si están tan enfocados, conocen el negocio ¿para qué me necesitan? y les hice la pregunta, Joel ha mirado a Gerardo y se adelanta a decirme: conocemos perfecto el mercado, el marketing, pero nos falta conocimiento del sector financiero Justino… ahí mi curiosidad Héctor, ha subido de nivel tanto que ha llegado a sacar preguntas de mi ser sin control. ¿Cómo que no conocen el mercado financiero? -Les dije empujando el cuerpo en la silla hacia adelante con incredulidad total –.

Bueno -dijo Gerardo saliendo al rescate del momento- es decir, a profundidad como tú, en normativa, operación, mercado, nuestro fuerte es marketing, tecnología e innovación, pero nos falta ese brazo con experiencia como nos han dicho en el *podcast* de *Beernnovation* donde comentaron con personas del primer *NeoBank* sus lecciones aprendidas, ha sido muy interesante escucharlo Justino.

¿Entonces cómo operan la tarjeta para sus clientes? -les dije a quemarropa –Se han mirado con cara de que le pasa a este anciano, como cuando haces preguntas que todo el mundo debería saber...- me han revelado el secreto. La *Fintech* ha creado un valor de negocio, se alejó de la operación delegando sus aspectos normativos y regulatorios, para ello contratamos un BaaS. Los procesos de SPEI a través de terceros, para enfocarse en innovación y mercado.

El BaaS que contratamos ayuda con el manejo de las tarjetas, las gestiona y administra por nosotros, nos da a cambio una marca blanca que quiere decir que la podemos personalizar como si fuera nuestra. ¿Y la captación? –Les solté rápido para que no se me fueran a ir por la tangente-

El BaaS tiene a su vez un servicio tercerizado con una empresa regulada en el sector financiero que le brinda de ese modo no estamos en falta ante la ley. Área gris de la ley – pensé – les dije que, si podía consultarlo con un experto, ante su mirada de niños inocentes que me dieron aprobación, he buscado a un buen amigo que conoce mucho de regulación financiera, me ha preguntado los detalles operativos y funcionales, una vez satisfecho me ha confirmado que justo no están en falta de cara a procesos de evaluación, el modelo es perfectamente válido.

¿Qué ventajas han visto en este modelo? - pregunté, pero eran obvias creo- Con el BaaS ganamos enfoque en nuestro producto para el mercado, alejados de la operación nos permite tener menos aristas que gestionar – Gerardo-

Me puse de pie, les agradecí todo su detalle y con un rotundo: ¡no gracias no acepto la propuesta!, una sonrisa de satisfacción gigante en mi rostro, claro ante su sorpresa de estos chicos, rechacé la propuesta estallando en júbilo. Gerardo atónito me miro de hito en hito, con cara de este cuate se ha vuelto loco, Joel un poco más controlado o impresionado se ha quedado en silencio total…

en la reunión estaba Julio el inversor con mucha experiencia, me ha dicho: ¿entonces?

Respondo: no acepto la propuesta… como la han descrito, pero por favor permítanme decirles que tengo una contrapropuesta que puede hacer más sentido para todos -los chicos se calmaron y se acomodaron nuevamente en su silla -con un poco de teatralidad –¿un poco Justino? interrumpí-creo que tengo una mejor alternativa que puede ser un ganar-ganar para ambos.

Les platico: voy a buscar a Diego donde aún trabajo, para que a través de su fondo de inversión busquemos una ronda B con ustedes por que se me antoja mucho su modelo de negocio y lo que pueden aportar. Es mi propuesta para BancoT para evitar el despido, trayendo un modelo de negocio a través de ustedes, si sigo pensando alrededor de la misma idea pueden surgir dos propuestas que son:

- Ronda B para su *Fintech*

- BancoT se convierta en BaaS para su *Fintech*

Esta vertical de negocios me parece muy interesante, aprovechar la licencia bancaria, tener una fuente de ingresos adicional a través de colaboración con otros entes no financieros. ¡Si BancoT no le interesa, hay más de uno que sé que si lo estará!

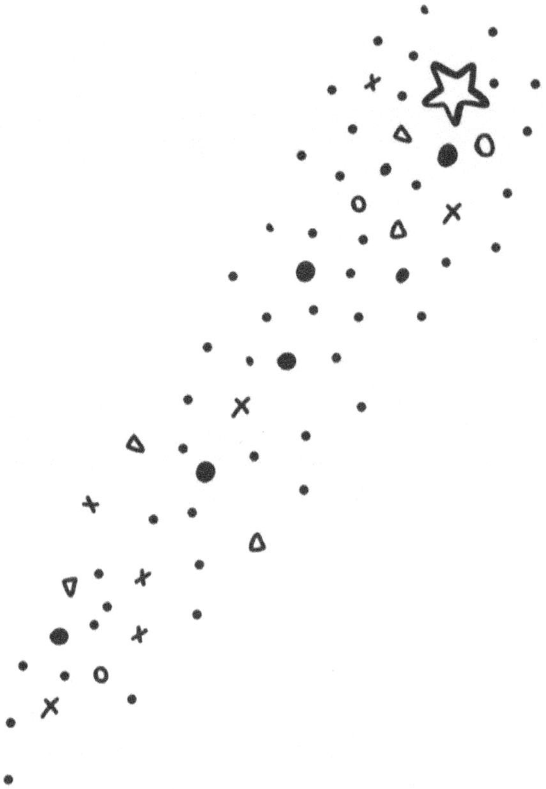

Una estrella polar en lugar de métricas de vanidad

Justino

BancoT: El Banco Startup

Ha pasado tiempo desde que me nombraron CEO de BancoT y ha sido una gran aventura, pero lo más interesante desde mi punto de vista personal, es que somos una *Startup* –dijo Justino–-, con una taza de rico café en la mano en Coyoacán la tarde del jueves pasado.

Pero va más allá de sólo matar al negocio como me dijo Diego alguna vez, se ha evolucionado a tal grado que ahora tenemos un marco de trabajo para operar – continúo diciendo Justino, me sonaba a que sólo era una mera conversación reflexiva por la tarde lluviosa, yo estaba más entretenido en saborear mi café y ver la delgada lluvia protagonista en el paisaje que en las palabras de mi amigo–.

Cuando escuché marco de trabajo para operar, me dejé llevar por mis pensamientos, asumí que era un tema de CEO de Banco, ¡suficientes *terabytes* de información inútil tengo almacenada ya! pensé descaradamente … ¿me oyes? – Me dijo la voz de mi interlocutor, sacándome de mi reflexión.

Si Justino claro, bueno no te puse mucha atención, este café está delicioso, dijiste algo de CEOS financieros ¿no? de un ¿marco operativo?, no Héctor –respondió con la paciencia que sólo la amistad puede dar – dije que tenemos una cultura operativa, eso dije. Ahora sí tienes mi atención ¿por qué es una cultura?, ¡porque la hemos cultivado! claro –respondió con obviedad– y es un producto de toda la empresa, te cuento ¿te interesa?, hizo la pregunta con un ligero reproche a mi distracción.

Por supuesto que sí, -contesté - nos guiamos por una estrella polar en lugar de métricas de vanidad - pensé ahora si lo perdí o ¿dejé de prestar tanto tiempo atención?, ¿qué rayos tiene que ver una estrella con un *KPI de Marketing?* y estuve pensando unos segundos una relación, hasta que Justino me rescató con una afirmación seca y sólida-.

En esta economía de la atención, el producto es la experiencia del cliente, más que el usuario, el viaje en el contexto es lo que importa, más que el momentum de interacción –dijo Justino–.

¿Y qué tiene que ver con una estrella polar?, – dije sin reflexión–…espera creo que ya lo tengo – dije para enmendar mi error– ¿Es un rumbo único que sume valor al negocio?, ¿Por eso es estrella polar?

Nuestra estrella polar es el *KPI* que refleja crecimiento para BancoT, nos aleja de métricas de vanidad como *likes* en redes sociales, interacciones, descargas de nuestra *App*, menciones en *Twitter*, seguidores en *Instagram*... etc. –contesto Justino-.

¿Cómo sabes si es el correcto? –pregunté intrigado- . Fácil, debe cumplir con el ¡círculo virtuoso del crecimiento!, ¿y para alguien que no es CEO financiero, por favor? –ambos reímos por la expresión–.

Se estableció el siguiente modelo de dominio – me mostró una imagen en su celular, que le he pedido y amablemente me la ha compartido –.

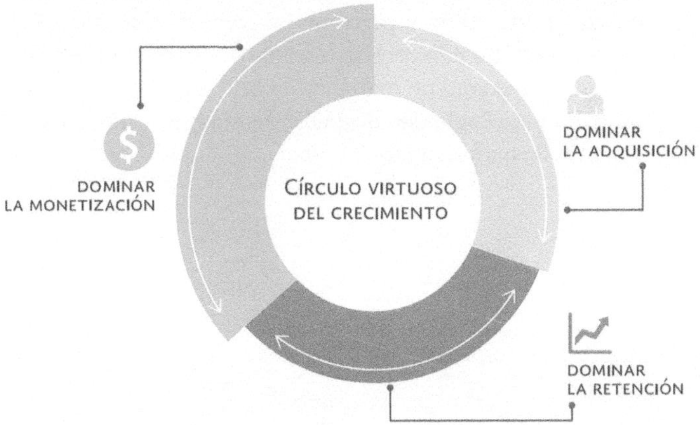

El indicador de la estrella polar debe cumplir con los tres dominios, ¡así de simple! – dijo ufano –. Vi el modelo, encontré variables que me hicieron sentido, un proceso constante de adquisición y retención, sin olvidar que esto es un negocio, monetización.

El resto de la tarde me ha explicado los procesos que se tienen que seguir para cada dominio del modelo, me ha estado comentando ejemplos de la estrella polar del norte, basado en el círculo virtuoso del crecimiento y entre más me detallaba casos reales de BancoT, crecía mi interés para aplicarlo a Hypertech mi empresa de canales digitales para el sector financiero, llegando a una conclusión final.

Amigo, entonces en BancoT sus equipos son informales, trabajan modelos de crecimiento, son pequeños, su cultura es de Startup, pero son un Neobank– finalice la oración en tono más retórico-, algo que Justino interpretó a la perfección, no hizo comentario alguno. Cambiamos de tema segundos después, en común y silencioso acuerdo de agotamiento del tema.

El entorno cambiante se le desafía, no se le teme.

¡Para ser líquido hay que ser sólido!

Así empezó una de las charlas con Justino, con una afirmación interesante desde el punto de vista químico debo decir, pero más allá me preguntaba cómo podía encajar eso en un Neobanco.

Diego (el *Chairman* de BancoT), me ha pedido que tomemos un café -cosa rara debo decirme ha dicho en modo de confesión un tema que lo tiene vuelto loco, este mundo que cambia por todos lados, la regulación, los millennials, las caídas de sistemas de pago, las tecnologías y me siento abrumado, el problema es que se ve afectado el negocio, la rotación de la gente, la competencia se encarniza para todos nosotros, en ocasiones me levanto y me pregunto: ¿tiene sentido todo esto?

Es algo que he fallado debo decir Justino -me dijo Diego- ahora quiero encargarte esa misión, encontrar una manera de crear cultura en la empresa, la gente es buena y noble pero llega un cambio normativo como *Open Banking* o que tengamos que integrar CoDi y todo se vuelve un caos, metidos en la operación nos queda poco tiempo para los temas del negocio … -dijo en tono ya desesperado- hemos perdido gente buena por falta de claridad, de adaptarse a los cambios que vienen, suena fácil decir: ¡la cultura de la empresa es la importante! y el cliente en el centro para los negocios… pero es un reto mucho más grande, debo reconocer que me ha superado.

Día a día hay nuevos temas, si la transformación digital, si la experiencia de usuario, si el modelo de organización de tribus, si *Scrum o Lean Startup, Safe,* o integrar procesos de planes de carrera, *Blockchain*, *RPA*, Inteligencia Artificial, *BaaS* y un largo etc. -hice una pausa mental, creo que el mezclar tanto concepto que no ligan en sí mismos y están en diferentes contextos, me hizo darme cuenta del grave problema pero realmente me pregunto Justino ¿Es todo esto un camino a seguir o nos estamos perdiendo en un mar de desafíos?… muy preocupado estoy Justino, por ello este café, más a modo de un favor personal que necesitamos apoyo en este gran problema que nos enfrentamos como organización.

Le di tiempo a Diego tras su confesión dando sorbos a mi café, buscando detener en primera instancia una sonrisa de triunfo, ya que no era el momento lo miré directo a los ojos y dije: has escuchado del sociólogo Zygmunt Bauman que acuño un modelo llamado mundo líquido – le dije-, pero ante la cara de Diego, diciendo no entiendo nada Justino, estoy platicando y/o confesando un problema y me sales con un tema de sociólogo, pero no dijo nada, su mirada lo decía todo, negó apenas con la cabeza y empecé mi explicación.

Para que te des una idea Diego, es como licuar todas las necesidades de la sociedad y ponerlas en un vaso, si recuerdas tus clases de química en la secundaria, cuando te hablaron de mezclas homogéneas y heterogéneas, entenderás que ya no es posible la separación de los componentes que han hecho.

Di a Diego una explicación profunda, de mi investigación del modelo de organización líquida para entornos VUCA, -la verdad- es que yo seguía o más bien no seguía en absoluto a Justino, me puse a pensar cómo es que Diego le tuvo tanta paciencia, algo bueno debe tener estos nuevos conceptos que le suman a todo el enredo que ya trae... no tenía mucha esperanza debo confesarte.

Justino siguió diciendo: le ha gustado mucho la explicación y decidió adoptar el modelo, pero antes dijo ¡citaré a una reunión extraordinaria al consejo para la semana siguiente ... quiero que les expliques esto mismo por favor!, me dio la mano y un abrazo, no dijo más, se fue del café, me regalé 10 minutos para terminar tranquilamente mi bebida, con una frase en mi cabeza: "Más vale medianamente bien, que perfectamente mal". Ricardo Salinas Pliego

¿La recuerdas? dijo Justino -como olvidarla si estuve 10 años aprendiendo mucho en Azteca pensé- claro que la recuerdo muy bien y es mejor no regresar sobre el pasado, sumado a que este tema me tiene intrigado, dime por favor que cosa es eso de VUCA y organización líquida Justino.

Mejor te cuento cómo me fue en la junta de consejo, me entenderás a que me refiero ¿te parece?–asentí, me acomodé para en silencio escuchar el relato de Justino que empezó así– Estuve pensando mucho por dónde empezar Héctor, hasta que decidí que sería lo mejor por 3 preguntas que me hice para explicarle al consejo para hacerlo simple:

- ¿El qué? La motivación de este movimiento

- ¿El por qué? Gestión del riesgo que presenta

-¿El cómo? ya metidos en esto ¿por dónde debemos empezar?

Con estos puntos en BancoT, logramos iniciar un proceso profundo de ajuste en lo que hacemos, no me gusta transformación me suena a que está muy gastado de tanto usarlo, se presta a fricción inmediata para el cerebro de la gente, más bien viaje o aventura para darle el sentido lúdico, que en esencia es cierto, se trata de divertirse y no querer que se detenga, no hay un lugar de destino ni nada por el estilo … me gusta el concepto de aventura –ese último mensaje era más para sí mismo –.

1.- ¿El qué? Para la reunión de consejo, definí mi buyer persona, hice un modelo de perfil psicológico de los participantes ¿sabes? ... pensaba que me ayudaría a entender a quién iba dirigido y como recibirían mejor mi mensaje.

Hice un ejercicio surrealista para validar mi hipótesis y me dije: mi único objetivo es hacerlos participes, sensibilizar de lo que pasa hoy día en nuestra sociedad y en el mercado ... y en el mercado (me repetí como para no olvidar que era lo más importante).

Mercado Líquido, dije para iniciar, se me quedaron viendo unos con cara de duda, otros con más confianza en mí quehacer con expectativa de que iba a decir – perdón, pero la verdad es que no tengo idea de que hablas, le dije interrumpiendo su narrativa –.

El mercado es líquido -repitió Justino, ignorando mi comentario -esto quiere decir: que está concentrado en su función, sólo le interesa resolver esa necesidad, la tecnología lo ha dotado de libertad de elección sin esfuerzo, su foco está en satisfacer su necesidad no tanto en quién lo hará.

Puedo poner ejemplos simples, cuando quieres ir al cine, por ejemplo, lo primero que haces es buscar en cartelera y comprar desde tu dispositivo móvil, te importan 3 cosas de manera general:

- Ver la película, en el cine más cómodo y cerca, no me importa tanto la marca

- Tener lugar para no hacer fila, no tengo tiempo para esperar

- Certeza previa a la ejecución, entre más certeza más confío en el servicio que me acerca a la satisfacción de mi necesidad, mucho más que en el propio producto

Así podemos hablar de muchos ejemplos, donde para la misma necesidad en tiempos diferentes podemos cambiar de proveedor, no importa quién nos da el servicio sino quién satisface la necesidad para ese momento, la fidelidad a la marca ha muerto. En definitiva, es una tendencia que seguirá, para ello ha surgido un acrónimo que es VUCA: acrónimo de volatilidad *(volatility)*, incertidumbre *(uncertainty)*, complejidad *(complexity)* y ambigüedad *(ambiguity)*.

Para ese momento, ya tenía la atención de mi público, les dije: ahora vamos a nuestro quehacer, vamos a detectar en nuestro día a día si vivimos en un mundo líquido con un entorno VUCA.

Volatilidad: Los cambios en las divisas, en el mercado de valores para aquellos que tienen ofertas públicas, pero para los que somos capitales privados tenemos cambios en CAPEX y OPEX por la infraestructura que se paga en divisas extranjeras.

Incertidumbre: El mercado y sus amenazas, tenemos *GAFA, BAT* o *Rappi* con *SuperApps* , no sabemos cuándo o como llegarán, de pronto ya están en nuestro día a día sin pedir permiso.

Complejidad: La regulación es uno de los ejemplos más claros, dicen que es reactiva y siempre va rezagada, no se trata de quejarse ni criticarla, es algo con lo que se tiene que jugar, lo vivimos con CoDi, Ley *Fintech* y *Open Banking* son grandes olas, obligando a muchos cambios de conceptos y paradigmas, ¡el quejarse no sirve para justificar el desconocimiento!

Ambigüedad: *Fintech* y Banca, puede ser un tema ambiguo para el mercado, abrir una brecha para los que cumplen las necesidades de la pirámide de Maslow.

Cuando terminé, ya tenían cara de preocupación todos los de la mesa -dijo Justino- empecé el viaje del héroe con mi storytelling -ambos reímos de muy buena gana, hemos platicado mucho de cómo es la mejor forma de presentar, continuamente estamos experimentando.

¡Se trata de táctica y estrategia señores! les dije con una voz subida de tono y llena de confianza, para eso estoy aquí, para eso soy el CEO, no prometo cambiar el esquema VUCA ni nada por el estilo, tampoco tengo la varita mágica que nos resolverá los problemas, lo que sí puedo prometer es estar atento y dar una guía líquida, para adaptarnos al cambiante entorno, mi mensaje es simple señores: un mercado líquido que presenta un escenario VUCA, necesita una organización líquida que ofrezca estrategias que contemplan cada uno de los cuadrantes del entorno.

Esto nos lleva a la siguiente pregunta:

2.- ¿El por qué? Gestión del riesgo, eso lo hacemos como empresa de servicios financieros desde siempre, es parte del ADN de este negocio y la manera en que se conserva la estabilidad. La libertad que tienen los mercados se comparte, tienen acceso a herramientas parecidas, comportamientos similares, la inmediatez es contagiosa y una necesidad, la influencia de la mayoría se traduce en toma de decisiones señores.

Para el entorno VUCA se tienen que hacer acciones, nos tenemos que imaginar de otro modo, esta es mi propuesta -les puse otra lámina, para que sea más simple de explicar-

Elige: **¿Transformación? o ¿Aventura?**

¿Cuál eliges? -pregunté- todos han dicho: ¡aventura!, ahora les diré la razón dije: transformación me parece que infiere un fin, aventura no sabes cuándo empieza y no quieres que terminé.

La propuesta es una aventura líquida... luego discutimos por favor, si el nombre es adecuado lo que importa ahora es la idea general -les dijeante su cara de no gustarles mucho el nombre, no tuve mucho tiempo para pensar en algo más, esto nos lleva a la última pregunta.

3.- ¿El cómo? El llamado a la acción es lo que traigo, acciones de táctica y estrategia para BancoT – Diego me miraba de hito en hito, sonriendo apenas de manera complaciente, olvidando que me había casi despedido antes de que empezará siquiera mi intención de dirección, empezaron (quiero pensar muy animados por la palabra aventura) con sus propuestas.

Hagamos un comité de decisión, traigamos una empresa que nos ayude, seamos ligeros entonces, adelgacemos la plantilla para ser ágiles y responder a al entorno VUCA. Para no dejarlos seguir, traté de encaminarlos, les dije no sin antes agradecer de manera honesta su participación, sobre todo que han entendido que es como se mueve el mundo, debemos reaccionar, si les parece adecuado me gustaría presentar mi punto de vista y tomamos decisiones -asintieron todos-.

La aventura de la organización líquida, la construyen los elementos que la pueden hacer flexible, con capacidad de adaptación y flujo constante, ese elemento son las personas; se trata de un ente vivo señores, la tecnología ayuda, pero esta está diseñada, los procesos, los negocios, las sucursales, este board, son la base de la aventura líquida, pero la cultura es la herramienta que da resultados.

Para lograr que la gente sume y coopere, se debe tener una cultura que se inicia con cambios en la gestión, empoderar al equipo, que sepan que se espera de ellos, que se defina de manera conjunta el objetivo a conseguir sin preocuparse del cómo y con un margen de acción para experimentar.

Héctor -dijo casi al final Justino- para ser líquido hay que ser sólido con la cultura de la organización y es la paradoja que debo mantener, es el reto. Dicho sea de paso, considero que cada organización tiene su propia manera de hacer las cosas, lo que funciona para algunas organizaciones no siempre es lo ideal para otras.

¿Sabes que el poder cambió de dueño?

¡Ahora lo tiene el mercado y el que tiene el poder manda!

Justino

La economía de la experiencia

Con esa frase inicio la charla con mi amigo Justino, pero eso es de siempre –repliqué- muy seguro, tienes razón Héctor dijo, pero no así en el sector financiero, por definición la banca ha tenido el lujo de esperar a los clientes sentados en una sucursal de ladrillo –y me puse a pensar en ello– ahora el consumidor lo tiene al alcance de un toque de su dedo en su celular.

La tecnología ha dado libertad total al consumidor y las redes sociales lo han hecho un caprichoso inmediato y la medida del servicio ligado a la experiencia –Justino- por eso tenemos *UX,* –dije para aportar a la conversación– me miró como si hubiera dicho una barbaridad con una mueca que me hizo sentir vergüenza … no tuve tiempo de reaccionar ante esa mirada que se tradujo en un suspiro breve pero desesperado.

Héctor –dijo sin dejar de mirarme– *CX, UX, Service Design* es mucho más de lo mismo, términos donde hay gente especialista, lo venden por separado, luego definen fronteras entre usabilidad, experiencia y diseño, no incluyo un juicio de valor en absoluto, no atrapes un razona - miento simple, eres más capaz que eso -agradecí el halago con un gesto de la cabeza- vayamos al fondo de este tema.

> *"La experiencia de cliente no es un ejercicio de creatividad, es un ejercicio para ganar cuota de mercado"*

Justino, ¿Quieres decir que estamos confundidos y absortos en la técnica más que el objetivo? – sólo asintió con la cabeza –. La economía de la experiencia se trata de medir la rentabilidad que proporciona el ejercicio más que la actividad de construirlo.

¿Sabes cómo miden el impacto de la experiencia en el negocio?, honestamente Justino, no conozco ninguna iniciativa en términos económicos o financieros al respecto . Bueno, entonces sabes ¿cuál es la motivación de hacer cambios en la *UI/UX* de canales digitales? Generalmente es por darle una actualización a algo más moderno, por qué es viejo lo que se tiene, la verdad es que me hacía sentir incómodo esas verdades que me estaba sacando.

Luego hacen tutoriales para explicar que han cambiado la experiencia, no es malo, pero tal vez es un indicador que su mercado no lo entiende, por lo que tienen que reducir la fricción, quizá es una señal de que no hay investigación y pruebas en campo … pero esto va más allá –continuó –.

¿Conoces el costo de adquisición de cliente? – me dijo Justino, en modo retórico completamente, por el tono yo no trabajo en un banco, al menos así supuse ante su mirada perdida, regresó segundos después, ¿la inversión de una nueva experiencia ha mejorado este costo de adquisición?, ¿el retorno de inversión justifica una nueva experiencia? O como dicen suena la caja, ahora gastaremos en una nueva experiencia para competir con las *Fintech.*

Te comparto una frase genial de la economía de la experiencia, "El trabajo es un teatro y cada empresa es un escenario" B. Joseph Pine II y James Gilmore. Puedo añadir, sin temor de error o sesgo desde mi rol de CEO en BancoT: un tomador de decisiones que se respete no puede adquirir algo por qué es mainstream o lo vende una empresa importante, debe buscar y comprobar el valor para su organización, tal es la contribución de su labor.

En el banco que estaba anterior a BancoT, revisamos la inversión en experiencias de cliente (*CX*) con base en una experiencia de usuario (*UX*) que está diseñada por una experiencia de servicio *(Service Design),* decidimos hacer una encuesta y encontramos algo que me hizo caerme de la silla: el 60% de nuestros clientes están satisfechos…. pero se van a pesar de ello.

Sucede a muchas organizaciones, entonces vamos a la siguiente pregunta ¿sabes si tus clientes se van? o mejor aún ¿les das razones para que se queden? preguntas de este tipo debemos hacernos y dejar de hacer ejercicios de competencia de creatividad.

Ahora vamos a empezar un proyecto de economía de la experiencia amigo, BancoT va a tener métricas desde y para el negocio, apoyado de las herramientas de cada disciplina sin perder el foco en el objetivo. Pero queremos hacer algo diferente, algo digamos más colaborativo amigo, con puntos de vista de personas ajenas a nuestro día a día, para evitar la ceguera de taller, ahí es donde entra usted y el motivo de esta comida mi estimado Héctor.

Te quiero invitar a colaborar con nosotros, necesitamos un equipo multidisciplinario de tu comunidad Beernnovation, que sean nuestros consejeros y asesores de expertos en este proyecto, para que desde su experiencia y visión nos aporten ideas diferentes a nuestro quehacer ¿qué opinas?

¡Con todo gusto! – respondí emocionado- es muy importante para mí, pero es más importante que ha visto el valor de una comunidad de expertos y pagará por su tiempo, experiencia y las ideas.

¡Api Economy!

La economía informal de los datos

Ayer me quedé de ver con Justino para comer,apenas llegó, medio me saludó con enojo en susmaneras, en su mirada… esperé que se acomodaráen su silla y ordenará algo para calmar su sed ysu enojo, le pregunté: ¿qué te tiene así? no eres el de siempre, de buen humor, ecuánime… iba a preguntar si ¿todo estaba bien? pero no me dejó ni terminar la frase.

¿Y cómo quieres que esté tranquilo Héctor? – respondió con una pregunta y con voz dura, lo que me hizo saber que el problema era grave – si en BancoT no les queda claro de que va todo este tema de regulación y *Open Banking.* Pero es natural –respondí sin apenas pensarlo y pagué el precio de mi falta de tacto… Justino explotó, yo callé-

Qué a todos les pase es consuelo de tontos, qué no tengan claro que riesgos y oportunidades brinda la regulación, no justifica la acción de esperar para ver qué sucede o peor aún hacer por cumplir y no detenerse a pensar en el negocio, me parece el camino de Kodak. Si qué es grave pensé, no es lo mismo mis problemas de CEO de PyME que de un Banco, –seguí callado, cuándo no tienes nada inteligente que decir es mejor callar, me recordé–.

Justino me miraba sin enfocarse, con su enojo a flor de piel, quizá buscando auxilio en el contarme lo que pasaba, pero esperando que yo adivinará para no tener que explicar, al cabo de un rato de silencio y con una expresión de: ¡cierto, este amigo no sabe que ha pasado!

Me enfocó mirándome a los ojos sin enojo a mi persona, lo cual me hizo sentir mejor, dijo: Diego, el *Chairman* de BancoT me ha llamado a su oficina, leyó en un medio que viene la regulación de Banca abierta, me preguntó qué cosa era eso, como atentaba al secreto bancario, que si era dejar que todo el mundo supiera de BancoT y sus cuentas ¿o qué diablos quiere decir y que tenemos que hacer? Fue su última expresión.

Tras vanos intentos de explicarle, tomamos en cuenta que es un banquero de la vieja guardia, conocedor, experimentado, partidario de las nuevas corrientes pero con ese chip del pasado que a veces lo detiene, su gran acierto, mérito que tiene es lograr que los accionistas invirtieran en un *NeoBank*, en ello se basa su reputación, lo digo con respeto, es una gran jugada desde su banquillo,y reconoce que sus habilidades terminan allí, por eso estoy como CEO…

más de lo que ya te he contado, disculpa por aburrirte –hice una mueca de negación– pero es la realidad.

Le expliqué, es un movimiento que se presenta un como negocio para una organización digital como BancoT, es una gran oportunidad para buscar modelos verticales como el *BaaS* sobre los procesos de *Open Banking*, quizás ahora que lo pienso, ha sido mi error, enfoque dos pensamientos, se ha dispersado su atención y no llegamos a nada.

¡Cumplamos y listo! -me ordenó- la junta se terminaba ya que se tenía que preparar para una reunión con los accionistas para hoy por la tarde, debo reconocer que en tono amable y con cordialidad, pero eso no quita que no entiende de que estamos frente a una gran oportunidad de negocios.

¡Por eso estoy molesto!, no logré expresarle mi punto de vista, es tan simple de entender, me pone muy mal que no haya podido transmitir mi mensaje ¡es tan simple Héctor!, los datos deben tratarse como el dinero, los bancos custodian el dinero y lo mismo debe aplicar con datos de los clientes.

No crees -dije para sumar a la conversación ahora que estaba más calmado que quizá a tu mensaje le falta la parte de monetización, es como hemos platicado, *Open Banking* es 20% tecnología y 80% negocios. No lo pensé -replicó Justino- tienes razón y la molestia de no conectar mi mensaje me dejó sin argumentos, debí hablar su lenguaje en términos de negocio.

Cuando estemos conscientes que los datos son dinero, estos deben ser protegidos y explotados, el petróleo del siglo XXI son los datos y van a generar ingresos para la organización –dice Justino- ¡eso suena a banquero! –dije-ambos reímos fuerte sin importarnos los demás comensales.

El quid de este asunto es que debemos entender que estamos frente a una economía informal de datos, la evangelización de *Open Banking* viene de quitar el dogma que es un asunto de tecnología –le dije- ya siguiendo bien la conversación, Justino asintió con la cabeza.

¿A eso súmale que es un tema donde podemos encontrar verticales que sumen a los ingresos de BancoT, me parece un momento espectacular, una ola que debemos subirnos a la brevedad y no esperar que el regulador nos exija, lo demanda la economía digital Héctor, por cierto, qué opinas de este hallazgo que hemos hecho.

El 30% de las compras de mis clientes son digitales, pero sólo tengo el 6% son por BancoT, el reto está en encontrar como conquisto ese 24% de cuota de mercado con herramientas como experiencia de usuario, *Behavioral Economics, big data, marketing* de guerrilla y por supuesto economía de *APIs* –Justino-.

De esas herramientas las que tienen ventajas son aquellas que sumen al negocio y a verticales que surjan a partir del mismo esfuerzo: ¡*API Economy*! Con esta última reflexión nos dedicamos a degustar una pasta deliciosa con queso parmesano y un buen vino, al grito de ¡salud por una buena charla!

Al terminar de comer, Justino vio su reloj, me dijo que los disculpara que tenía que irse corriendo, se me acaba de ocurrir que voy a interceptar a Diego antes de su junta de consejo para comentarle desde lenguaje banquero la iniciativa de *Open Banking* –de manera evidente no pude estar más de acuerdo y nos despedimos–.

Saqué mi celular para revisar los mensajes de la comunidad de *Beernnovation* en *Telegram,* para no variar tenía como 30 mensajes sin leer, hablaron en el transcurso de la comida de la caída de varios bancos y un ataque informático, estaba muy absorto en ello cuando veo regresar a Justino: ¡amigo, disculpa por favor, olvidé pagar la cuenta! –le miré y le dije-ve rápido a tu junta, yo pago con gusto, tenemos pretexto para otra comida en que pagas tú, estuvo de acuerdo y se fue corriendo.

Pagué la cuenta, salí del restaurante a una visita a mi cliente para el proyecto de CoDi, ya en camino unos 20 minutos después me llegó un mensaje de Justino que decía: el mensaje fue mejor recibido de lo que pensé, Diego se ha retractado, me ha invitado a exponer el tema ante la junta de accionistas, ¡dice que es un proyecto prioritario para BancoT! abrazo y gracias por escucharme!

El valor agregado no basta en los negocios digitales…

¡UX dará el valor agregado!

Héctor, hace tres meses vino una empresa de *UX* y me dijo: dará valor al negocio, traía buenas credenciales, experiencia de otros proyectos financieros, iniciamos un proyecto para nuestro BancoT… llegado a este punto de la conversación -no sabía si reprocharle a Justino o darle en pequeñas dosis mi reclamo sin medida, él sabe bien que mi equipo es especialista en esta área con un esquema tecnológico fuerte, ya que nos hemos dedicado por más de 10 años a este maravilloso sector financiero-.

Deseché los dos pensamientos apenas aparecieron, al final era su decisión y por alguna razón no me había elegido, ¡pero estaré para ayudar cuando tengan trabas con esquemas de ley, seguridad, desempeño, negocio!, ¡para eso somos amigos!

Estoy muy contento con el proceso –siguió diciendo Justino– te voy a mostrar unas pantallas de nuestro entregable, ve preparando tu documentación para un *NDA*, te voy a incluir en el concurso para realizar toda la arquitectura de *API s* y la *App* obviamente.

Apenas vi la pantalla, tuve tres impresiones primarias, aquí he de hacer un paréntesis abrupto, para detallar un proceso que llevo a cabo de manera inconsciente cuando me presentan algo nuevo, me gusta verlo rápido sin pensar en absoluto ni hacer análisis, como cuando hueles un perfume precisamente y disfrutas los primeros olores, esta sensación primaria que deja el aroma, es importante para darnos una buena impresión inicial pero se esfuma en el tiempo, lo único malo es que si esa primaria experiencia no es buena, no pasamos a la segunda que es el fijador de la esencia, es una manera que tengo de explicar que pasa con mi razonamiento cuando veo un trabajo de diseñador y de experiencia de usuario.

Intentaré explicar a modo de punto de vista, qué pasa con mi razonamiento, no quiere decir un juicio de valor, el trabajo de un *UX y UI* es muy respetable y suma al negocio, en definitiva, pero... me parece que debemos agregar algo más a la ecuación.

Este concepto es tomado de: *https://dribbble.com/shots/4751124-Noorbank-Concept-Animation.* En menos de 20 segundos, tuve las siguientes irreflexiones, tuve el tino de no decir nada.

Me gusta mucho lo que veo, pensando como en uncliente claro. Identifica perfecto mis productos, mis tarjetas... espera ahí cambió el sentido.

Pero no todos los servicios del banco tienen tarjetas, veo un proceso de desperdicio de tiempo, para el consumidor de esta información, es decir, personalmente me interesa ver el saldo de mis cuentas y no siempre los movimientos.

Las divisas no siempre ofrecen valor para todoslos públicos, ¿si quiero hacer un SPEI? por ejemplo, ¡ya me hiciste pensar! -dice Justino-, ¡Ya sé!... parecen todos mis comentarios negativos de algo que lleva mucho trabajo detrás.

Mi punto de vista que me da resultados es el siguiente; existe un concepto en desarrollo de sistemas o ingeniería de *software*, se llama deuda técnica le atribuye a Ward Cunningham (hay mucha literatura al respecto), se trata de lo siguiente: esas cosas mal hechas que no se ven 251 desde fuera… como los vicios de construcción en la industria de bienes inmuebles, compras una casa y todo se ve perfecto… hasta que un día se desprende la llave, se tapa el baño, se oxidan con rapidez muebles de cocina, o algo por el estilo, son esas cosas que salen con el tiempo.

Dicho lo anterior, me parece que *UX* deja una deuda técnica cuando se hace a solas, es que también no concibo cómo equipos que se dicen ágiles, siguen haciendo procesos en cascada, a continuación, lo que le dije a Justino, después de ver su *App*.

Amigo, me gusta mucho tu experiencia de la *App* sabes –me miró fijamente-, y dijo ¿pero?, sé que no es lo que piensas Héctor, si te lo comparto es justo porque me interesa tu comentario, entiendo perfecto que es para sumar, adelante por favor, dime lo que en realidad piensas. Ante esta prueba de amistad, estuve a punto de dar mis comentarios sin reserva, pero, un poco de prudencia apareció en mis pensamientos y le pregunté: ¿cómo fue el proceso para llegar a este concepto?

¡Ah qué bueno que preguntas! –dijo Justino-, esta empresa trae buenos procesos, experiencia como te dije antes, han hecho un estudio sobre el *buyer persona* se ha generado un mapa de empatía… me enumero las fases y los procesos que han seguido, de verdad usan una metodología interesante, ahora entiendo que eso le ha hecho sentir a gusto a Justino.

Cuando termino su detalle de procesos, con una pausa teatral, le pregunte: ¿Y han incluido a otros equipos?, Si claro –respondió de manera inmediata– la gente de productos, de marketing, estuvieron totalmente involucrados y están muy contentos con el resultado –dijo muy ufano para rematar – Justino, recuerdas que hemos comentado que: el éxito de un proyecto se da cuando se satisfacen todas las necesidades de los interesados. *PMBok.* Antes de que me dijera que estaban todos los interesados, ataje con mi mano su perorata y dije: te faltaron algunos interesados, pero es mipersonal punto de vista, sugiero algunas cosas que puedes tomar o no, en función directa de su utilidad.

Pero hagamos algo mucho mejor, te parece si te doy una tarea simple y vemos los resultados después, para que no parezca que es sólo mi punto de vista, es una manera que se me acaba de ocurrir de validar con método científico -ambos reímos de buena gana-.

Y me llevé la tarea de para la semana siguiente... ¡el contexto es el rey!

...no quiero que suene a una crítica a una labor de otras personas

UX y sus interesados

La semana pasada, le di la tarea a Justino, nos hemos visto y me ha comentado el resultado. Respecto al *UX* que me ha presentado, le dije a Justino, que le presentará a algunas personas de su equipo de desarrollo esta iniciativa, sin preguntar nada sólo que expresarán qué veían desde su trinchera y conocimientos.

Amigo – empezó diciendo – la cocreación es de verdad una apuesta importante, pero he cumplido, tengo las notas de las personas que he preguntado, me interesa conocer tu punto de vista previo, para contrastar con lo que me han dicho, me parece que es justo.

Justino, el asunto es el esquema de deuda técnica de *UX*, que ocurre cuando se hace en solitario, del modelo que me presentas y ahora vemos la pantalla tengo estos puntos de vista: La propuesta *UI* / *UX* ha sido tomada de:*https://dribbble.com/shots/4751124-Noorbank-Concept-Animation*

Con la gorra de tecnología y posterior de negocio, te digo que estás dando información que puede ser por carga perezosa, es decir, sobre demanda. Si mandas llamar a los servidores centrales, saldos, movimientos y tipo de cambio por usuario, cada vez que haga *login*, se va a multiplicar los procesos hacia tu *core* bancario, lo cual en algún momento de manera innecesaria porque no suma valor puede degradar otros servicios.

No todos los productos de la banca tienen una tarjeta asociada, tal es el caso de los créditos personales y las inversiones, ¿cómo se tratan entonces con este diseño? Si quiero hacer otras operaciones, me estás haciendo pensar, sabemos por estadística que los clientes entran, ven sus saldos y hacen un SPEI o compran tiempo aire, es decir, tienen otras acciones que hacer para el canal.

El orden de las tarjetas ¿qué lo decide? es necesario tomar en cuenta los diferentes escenarios para los clientes, si sólo tiene una tarjeta como es mi caso ¿se ve raro no? existen iniciativas de *wallets* de tarjetas, esta aplicación está compitiendo directamente con ellas, ¿entonces debemos agregar CVV2 en esas pantallas?

Algo que sí me parece plausible, es tener tres movimientos por tarjeta, puede reducir el impacto al *core* bancario y los tiempos de respuesta, pero qué pasa si ¿los clientes empiezan a creer que son todos los movimientos?

No veo un tema de venta de productos o algo que me haga sentir rentable en canal… estaba a punto de seguir con más comentarios, pero viendo la cara de Justino mejor me detuve -dije en el tono más sincero que soy capaz- perdón, no era mi intención incomodar, me preocupa que no hagan cocreación para sumar los puntos de vista de todos.

Héctor – respondió de inmediato-, es justo por lo que me caes bien, te agradezco mucho tus comentarios, coinciden algunos con los que me han dado y otros que no has mencionado, me ha quedado claro que es un área de oportunidad integrar los diversos actores del ecosistema del proyecto.

¿Qué más sugieres Héctor? –dijo Justino– Leí un tono de reproche hacia mi persona, el cual bien ganado, dicho sea de paso, por meterme donde no me llaman, por ello pago mi deuda con lo siguiente -le dije- Justino, hay un aspecto relevante que se ha dejado pasar, es de nuevo mi punto de vista y no quiero que suene a una crítica a una labor de otras personas, te digo que … *Behavioral Economics* es la disciplina a seguir, integra aspectos de negocio y de comportamiento, suma valor a la rentabilidad, eso lo hace una herramienta ganadora que elimina la deuda técnica del *UX.*

Un estudio interesante visto en alguna parte-agregado mi opinión-. Le detalle lo que conozco de esta disciplina, algunos puntos que me parecen relevantes, los modelos internacionales que ya están usando de manera efectiva.

La retención de un cliente o el bajo *churn*, no se logra con *UX*, se tiene que sumar valor al consumidor con estrategias de negocio, se tiene que echar mano de elecciones y teoría del comportamiento.

Hay casos documentados de Bancos, Neobancos y *Fintech* que avanzan en este sentido, tales como *Bnext, Monzo* por mencionar algunos. A manera de conclusión, hace unos días un CIO de un banco, me dijo que su transformación digital estaba basada en copiar lo que hace BBVA, habían investigado a fondo por lo que seguían la misma ruta. Las *Fintech* y los *NeoBanks* lo están haciendo bien Justino- quién ahora ya estaba más calmado y asentía con la cabeza – se trata de ser ecléctico para tomar lo bueno de cada lado.

Gracias Héctor, a raíz de lo que me has comentado y la tarea que me dejaste, hemos regresado sobre nuestros pasos, primero le explique a la empresa de *UX* que su trabajo no estaba mal, sino incompleto por falta de visión integral, que para ello se necesitaba tener a los interesados para entender a cada quién desde su punto de vista, sumar todos para lograr el objetivo.

La verdad, no lo tomaron tan bien al principio ya que son celosos de su trabajo, pero cuando le detalle los hallazgos entendieron que hay temas de fondo por resolver sin sacrificar experiencia,–Justino hizo un énfasis en sin sacrificar que no pase desapercibido– te tengo una propuesta, a ver qué opinas.

¿Puedes ser nuestro consejero?, apoyarnos en este proyecto con tus puntos de vista del proyecto, me parece que voy a tomar tu propuesta de Gobierno Corporativo para proyectos de importancia –aquí debo hacer un paréntesis, no recuerdo si ya lo mencioné alguna vez este concepto, en pocas palabras para no dejarte la duda, es buscar a gente fuera de la organización que sumen consejos desde diversas disciplinas, no operan, no desarrollan, sólo dan guía con su probada experiencia, como un consejo de ancianos de nuestros antepasados,– me he convencido –siguió Justino– que es un valor para la organización.

Me hizo sentir emocionado y claro que acepté, llegamos a un acuerdo, la semana siguiente me integro al proyecto, para que ahora escuchen mis irreverencias en lugar de leerlas

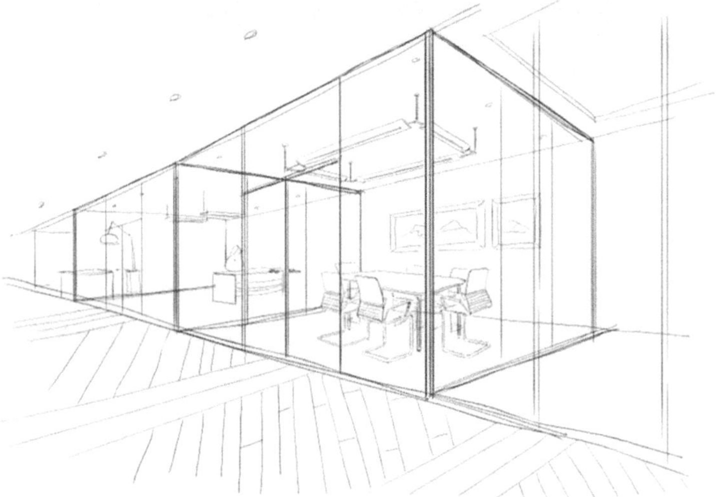

Pero es más de lo mismo…

H. Ortega

Una historia ágil sin Scrum

Quedamos para comer juntos con Justino y otro amigo el martes, pero por la mañana me cancelaron ambos diciendo que sus compromisos no se lo permitían... me sentí desilusionado ya que había hecho planes, la conversación prometía tener mucho futuro, supongo que me ganó mi sentimiento.

Héctor lamento cancelar, pero me surgió un compromiso que tengo que atender -dijo Óscar, el amigo en común con Justino- de acuerdo -dije en el chat de *WhatsApp* donde estamos los tres- no te apures, será para otra ocasión 30 minutos después Justino dijo; tampoco puedo, Diego quiere hablar conmigo del avance que estamos teniendo con CoDi y es probable que quiera verte Héctor -amenazó Justino-

Entiendo -respondí malhumorado- el único que respeta compromisos soy yo -dije ignorando que Diego el *Chairman* quería hablar conmigo–, ante esta reacción infantil de mi parte, Justino me mando mensajes en privado reprimiendo con elegancia mi actitud, me sentí apenado profundamente le ofrecí disculpas... al final dijo: seguimos en el chat grupal por respeto a Óscar.

Les parece si en vez de ello, nos vemos en mi oficina –dijo Justino - tengo 40 minutos para platicar que estamos haciendo como cultura en la organización -mi sentimiento de vergüenza iba en aumento y por unos minutos pensé en no responder, el dilema en mi cabeza iba en aumento, si no respondo mal, si respondo mal ¡qué complicado es esto de las relaciones interpersonales!

Si no quieren está bien –dijo Justino tras no obtener respuesta- con gusto -dije- ¿a las 14:00 te queda? Sigo sin poder, luego me cuenta, por favor –dijo Óscar– o lo leo en las #CharlasConJustino en *Linkedin* ¿no Héctor? – ese comentario terminó con la tensión de la conversación... pusimos *emojis* de risa todos en el chat-.

Llegué aún más apenado con Justino a BancoT, en el *coworking* donde están ubicados, me recibió con amabilidad y alegría tan natural en él, con el brazo derecho en mi hombro me motivo a caminar a su lado para decirme muy contento, haciendo ademanes con la otra mano: ¡nos vamos a otra oficina! no más este *coworking*, ya tenemos seis meses operando con un equipo por allá, está a tres cuadras de aquí ¿quieres caminar?

¡Claro!, me gusta mucho caminar, en el trayecto me preguntó cosas de CoDi y del avance que hemos tenido con Teodoro el CTO de BancoT. Apenas llegamos al nuevo edificio donde ahora estará BancoT, Justino me llevó al área donde están los equipos, me dijo algo que me hizo babear literalmente olvidando todo el berrinche que hice.

El edificio tiene dos pisos para BancoT, en ambos tienen una estructura similar, pero con algunas sutiles diferencias, la verdad debo decirte que no sé si fue mi estado de ánimo, mi personalidad, pero su paciencia es digna de admiración, apenas entramos me mostró de manera general los pisos, la gente de jeans, tableros *kanban* por todos lados, colorido el ambiente, las mesas llenas de juguetes, equipos platicando, paredes con frases de esas motivacionales.

Le dije: está bonito, pero es más de lo mismo -no, en realidad eso lo pensé-, realmente los equipos entienden este tema de agilidad, que no es sólo jeans y papeles de colores en las paredes, conoces mi punto de vista al respecto, por eso te lo digo, -Justino sonrió- ante el alumno que promete, pero ante estos comentarios regresa su avance, pero no hace dudar al maestro, sin suspiro de desesperación e ignorando mi comentario.

Justino respondió: te platico la historia de cómo hemos hecho estos dos pisos, se hizo primero el piso tres que es el de abajo, estamos en piso seis Héctor –ya muy concentrado en su historia-lo primero que me dijo

Diego el *Chairman* fue: Justino tienes presupuesto, dos pisos que ya son propiedad de BancoT, su mandato fue: haz unas oficinas donde la cultura no tenga que ser explicada, menudo reto pensé; sin interrumpir.

Continúo diciendo: lo primero que hice, es usar técnicas de *PMO,* es un proyecto me dije, lo que reza el *PMBok* es -con un gesto facial me instó a repetir al unísono– El éxito de un proyecto, es la satisfacción de todos los interesados *PMBok.* Yo estaba encantado, me tenía atrapado en su relato, muchas preguntas saltaban sin detenerse, pero decidí tener paciencia y esperar para no cortar la historia.

Pues bien –siguió diciendo Justino– lo primero que hice para el primer piso, fue reunir a los interesados del lugar, tanto directivos, como desarrolladores, diseñadores, gerentes y todo aquél que sabía tendría que estar laborando con nosotros, grandes ideas surgieron, nos llenaron de retroalimentación.

Yo seguía interesado sí, pero no sorprendido en absoluto, debo decir que había bajado un poco mi expectativa ¿dónde está lo novedoso? me preguntaba dentro de mí, pero Justino seguía emocionado, al conocerlo bien sabía que algo había que no me estaba diciendo y en efecto así fue.

Sé que no estás impresionado –dijo interpretando mis gestos-. La verdad no - respondí desilusionado-, lo interesante Héctor, es que subimos al proyecto… –

hizo una pausa teatral – al arquitecto, los albañiles y el contratista de la obra -entonces recuperó toda mi atención-.

Los entregables parciales era la obra, una sala de juntas primero con el diseño en plano, luego en maqueta con la suma de todas las opiniones y consenso: ¡algo totalmente tangible Héctor! -dijo muy emocionado- pusimos los artefactos de nuestra metodología e innovación desde literal, los cimientos de la organización.

Así terminamos todo el primer piso, todos los involucrados sentían que eran parte de su proyecto, por lo tanto, estaban orgullosos, se escuchaba por todos lados: ¡ah esa fue mi idea de poner tal color o tal detalle que luego vino otra persona y agregó este otro, se ve genial! Al ser de todos sólo hay buenas palabras para el mismo, se critica lo malo como equipo, no como personas.

Llegamos a nuestra primera gran prueba, bueno la verdad es que no lo vimos así en ese momento, trajimos a una persona a darnos una charla a BancoT de una comunidad de *UX*, tuvimos un problema, la sala que diseñamos entre todos, tuvo un pequeño detalle, la organización del espacio no permitía ver al presentador y se perdía atención.

Esto nos llevó a buscar otras alternativas tanto para presentadores como para espacios de colaboración en el piso que estamos, las salas de juntas tienen todo el detalle para que no interrumpas abriendo la puerta, por ejemplo, los códigos de colores, los esquemas de *kudo* para reconocimiento y sabes que después de tanta planificación, nos faltaron cosas.

Una de las grandes lecciones y anécdotas es que hicimos un evento abierto, vinieron personas de otros bancos, nos miraban feo al principio como si estuvieran invadiendo un espacio privado, confidencial, eso fue un cambio total de paradigma sabes... bueno ya sé que con *Beernnovation* conoces perfecto cómo funciona.

¿Pero cómo lograste que otros bancos vinieran, esta nueva forma de trabajar Justino? Diego me dijo que tenía que pedir permiso a Dios –respondió-, ¿y luego? Fui con él, le di mi explicación racional, el cambio del entorno, entonces aprobó el proyecto –ambos reímos de buena gana-.

Justino me ha llevado a un *tour* a las instalaciones, ha sido muy interesante, he aprendido algo que me ha dejado realmente impresionado, sucede que no hay una... simetría ni un estándar en cada sala que pasamos, algo que me hizo notar fue que el trabajo se organiza por proyecto, no para un equipo ágil.

Me lo ha repetido dos veces para que pudiera entender que lo que cuenta es el negocio, me iba diciendo mientras caminábamos por los pasillos de trabajo, la gente muy interesada en lo que hacía no hacía caso de nuestra presencia, supongo que están muy acostumbrados a que la gente esté en constante movimiento.

Me decía mientras seguí orgulloso de lo que tenía entre manos, la verdad debo celebrarlo me gustaba mucho, pero me seguía faltando algo que siempre me había dicho. Supongo que está así distribuido a propósito, casi al final del recorrido por las diversas mesas de proyectos-equipos, llegamos a un lugar que me dejo atolondrado cuando me dijo que era.

Aquí está el equipo que nos da de comer, ellos se encargan de las estrategias comerciales en el mismo sentido de entregar valor en etapas tempranas al negocio. Observa por favor esa pared *kanban*, luego aquella –dijo señalando con el dedo una pared *kanban* que estaba situada al lado- y esta otra por favor – dijo caminando unos pasos a otra mesa de otro proyecto-equipo- ¿notas algo en particular?

Pues no amigo -lo siento dije- para disculpar mi poca habilidad de observación, cada equipo trabaja como mejor le parece, no hay una manera de hacer las cosas, están empoderados para usar lo que mejor les parezca para lograr el objetivo - me dijo-.

Ahí querido lector, me hizo sentido todo y agradecí de manera sincera a Justino que me haya dado ese gran tour, en muchas organizaciones se enfocan en hacer *Scrum* –por cierto Justino jamás mencionó qué metodología usan, siempre dijo ágil para referirse al esquema de trabajo y ahora entiendo-, cumplir con las ceremonias pensando que será el santo grial que los llevará a cumplir los objetivos, si este no funciona debemos escoger otro como *Scrum Ban, SAFe (Scaled Agile Framework Enterprise)* o el siguiente que esté de moda.

Para terminar la visita, Justino me ha invitado un café para ponernos de acuerdo para que asista al *podcast* que tenemos en *Spotify* que se llama *Beernnovation*. Me despedí muy contento y feliz de estar en BancoT.

¡O lo hacemos bien o no lo hacemos!

Equipo de Héctor

CoDi para BancoT: Una historia surrealista

El motivo de este relato es platicar contigo cómo ha ido este tema de CoDi y las valiosas lecciones que nos ha dejado. Héctor necesitamos revisar un proyecto para BancoT por favor –me dijo por mail Teodoro el director de sistemas que le reporta a Justino, a finales de mayo del presente año- el correo me ha dejado interesado, le respondí de manera inmediata tal es mi costumbre.

Apenas llegué ese día a BancoT, (algunos equipos siguen en el *CoWorking* de esos grandes y muy para emprendedores… me llamaron para ir a una sala de reuniones). Teodoro es una persona joven, un técnico muy bien preparado, informado del sector, con mucha energía y cordial a más no poder, empatizamos casi de inmediato, estaba en mi ambiente con los míos, mi nerviosismo se fue en apenas unos minutos.

Héctor –dijo Teodoro – te quiero agradecer que hayas venido a visitarnos aquí a BancoT, Justino me ha pasado tu información, me ha dicho que estás muy bien enterado del sector financiero, que tienes amplia experiencia en canales digitales, regulación, esquemas técnicos, operativos y de negocio –sólo asentía con incomodidad debo decirlo porque no era del todo cierto la aseveración que hacía, y no encontraba cómo ser políticamente correcto para corregir lo que me decía– por eso estás aquí –dijo sacándome de mis pensamientos–.

Antes de que sigas Teodoro –interrumpí con voz no muy segura, debo reconocer – te agradezco mucho la invitación, sólo una pequeña aclaración, -se notaba que Teodoro tenía prisa por decirme qué necesitaba, más que oír mis aclaraciones, leyendo ese lenguaje corporal me apresuré a decirle-, más que mi experiencia, somos un equipo de personas que hacemos canales digitales para el sector financiero, estamos en temas regulatorios, hacemos comunidad llamada *Beernnovation*, –me interrumpió y cambió su expresión ahora por una de estar más seguro, se arrellanó en su silla con lenguaje de estar más cómodo y dijo– ¡Pues si me invitas a tu comunidad sería bueno por favor! –Con gusto le respondí– pero sigamos entonces con tu necesidad por favor.

Teodoro continúo, el proyecto es CoDi para nuestra *App* de BancoT Héctor, necesitamos integrar por tema normativo el proyecto, nuestro director general ha dicho a los medios que estaremos listos para la caravana de agosto – al verme buscar en mi memoria cuanto faltaba dijo adelantando– tenemos dos meses para tener listo todo, me piden tres empresas para elegir la que mejor se adapte a este requerimiento, pero si he de ser sincero sólo tengo dos, el tiempo es poco para estar buscando.

Henos aquí haciendo mi labor de venta sin vender, la honestidad como bandera y el apoyo como valor agregado –le dije– Teodoro, mi empresa es pequeña pero mi equipo tiene mucha experiencia, en este momento tenemos algo que nadie tiene para temas de CoDi –le brillaron los ojos al ver una salida para tan poco tiempo– una comunidad con varios interesados donde comentamos temas de CoDi, ¿te puedo unir si quieres? – Ahí mismo lo agregué–, compartimos información para cooperar sobre este tema.

Ya estamos empapados de que se quiere, gracias a la comunidad por supuesto, aunado a una anterior experiencia con otra organización que lo intentó hace varios años, pero no prosperó, pagos con *QR* a través de una *App* –asintió aliviando un poco la ansiedad y dijo – perfecto Héctor, pues déjame revisar el tema a nivel administrativo, estamos cambiando el paradigma, somos más ágiles incluso en la contratación de nuevos proveedores –lo cual celebré mucho– y en la toma de decisiones.

El mejor indicador de ser ágil para responder almercado es en procesos donde nadie lo es, pero que son apoyo para lograr los objetivos de la organización. - dijo Teodoro -. En nuestro proceso de compras, tenemos un gran equipo que está aliado con este modelo en favor de la organización, es un claro ejemplo de agilidad en la organización, abusando de tu amabilidad, tienes unos 20 minutos más por favor, te quiero presentar a Adriana quién es la CDO de BancoT, mi contraparte en negocios es una de las interesadas del proyecto –por supuesto que tengo tiempo le dije– llegó unos 5 minutos después.

Adriana una mujer joven y elegante, con mucha preparación se le notaba seguridad que impone me saludo en tono muy amable, -Teodoro interrumpió dirigiéndose a mí -, tengo que retirarme, pero te envió un mail con el requerimiento podemos revisarlo para tener una cotización a la brevedad –asentí–. Héctor, mucho gusto, Teodoro ya me han contado que tienes un equipo experto en temas digitales para el sector financiero y además un par de comunidades *Beer*... algo (sólo me aprendí la cerveza, confesó) y una de CoDi –asentí en ambas– ¡Beernnovation! se llama la comunidad.

Debemos tener CoDi, pero la verdad es que el manual es muy técnico, la razón de hablar contigo es que Justino me ha dicho que nos puedes ayudar, ¿nos puedes dar una charla de CoDi?, ¿de qué va?, ¿qué implica? pero para gente no técnica por favor, me dicen que eres competente en este aspecto –asentí para no interrumpir– ¿Puedes? –urgió Adriana–.

Lo que siguió es el proyecto más exitoso que hemos tenido como equipo este año, sin duda alguna, BancoT nos eligió a velocidad récord con el equipo de compras (pero con todos los procesos financieros y en general due diligence para darnos de alta), enfocados a entrar a la brevedad, muy sensibilizados que lo importante era el negocio, sus necesidades sin descuidar su proceso de evaluación.

En las siguientes semanas hicimos varias cosas en paralelo con todo mi equipo: charlas y muchas reuniones para explicarles a los equipos de BancoT como integrarse con CoDi, tanto a nivel negocio, operaciones, tecnología y *Backend*, reuniones semanales con los interesados para dar seguimiento puntual a la Fase I con las 3 rutas (R1, R3, R4).

Revisión de dudas con una comunidad maravillosa de CoDi que participa con todo lo que tiene, buscamos apoyo personal de grandes personas, para entender temas de codificación, decodificación de peticiones, de procesos operativos, de tipos de pagos, de lectura y generación de *QR*.

Capacitación a nuestros desarrolladores, enfocados en el negocio como prioridad, entender cómo funciona CoDi, desde operación, desarrollo de código y pruebas para el regulador. El mandato de BancoT fue claro para todo el equipo, bueno he de reconocer que depositaron su confianza en nosotros como empresa para sacar este proyecto en poco tiempo y con muchas dudas.

> "El éxito que se logra por la colaboración, se disfruta por el esfuerzo de mucha gente que apoya sin esperar más que el mismo apoyo de regreso para su propio proyecto, es una experiencia sin igual" -reflexioné-

Regresando al mandato fue muy simple, de parte de BancoT dado el tiempo y el alcance del proyecto de CoDi: debemos cumplir con la autoridad, en este momento no importa si tiene una buena usabilidad y experiencia de usuario. Una especie de *MVP* por el tiempo, pero nuestro reto como equipo de alto rendimiento era sacarlo con la misma experiencia de la *App* de BancoT, no podíamos entregar menos –dijo Arturo, mi arquitecto financiero – ¡o lo hacemos bien o no lo hacemos! –se me erizó la piel con su comentario, un gran equipo se agradece siempre– y eso hicimos.

Llegó el día para pedir la precertificación de CoDi, estábamos muy emocionados, realizamos el proceso casi durante todo un día, siguiendo el guion de certificación a pie de la letra, terminamos con algunos temas llamando a la autoridad casi a las 23:00 horas… muy cansados pero emocionados. Tres días después nos dijeron que todo iba bien, pero que estaban pendientes de darnos el dictamen final… hasta que llegó el correo oficial.

¡Listos para la caravana! –Es de esos días que te sientes héroe y no sabes ni por qué, un gran triunfo como equipo, celebramos con nuestros amigos ahora de BancoT. La caravana de CoDi inicio el 10 de agosto, se cayó PROSA ese día, dejando a muchos ciudadanos sin poder pagar, ni retirar dinero, un verdadero caos ese día… si hubiera ya sido productivo, su gran momento por la falla se presentaría… claro, él hubiera no existe.

Justino y Diego me han felicitado junto con mi equipo, están muy contentos con lo que hemos logrado, ahora nos encargamos de hacer todo el tema de canal digital para BancoT.

Ahora viene otro reto: *Open Banking* y lo que implica para el negocio, es sin duda mucho más grande que CoDi, representa un parteaguas en el mercado mexicano, y me surgen preguntas: ¿nos pasará lo mismo que CoDi? qué nos agarren a meses de presentarlo por exigencia de la autoridad, ¿sabemos que representa una vertical para el negocio financiero?, ¿es OPEX y CAPEX sin ROI?, ¿y se va directo a gasto al estado de resultados?

BancoT y Justino están bien informados, ya están revisando que se puede y tiene que hacer de cara al negocio, la tecnología, es sin duda otro gran reto para en el sector financiero.

No me gustan las adivinanzas

H. Ortega

El dueño del ¡NO!

Me han buscado para ser consejero de una empresa de entretenimiento -dijo Justino- me encanta la idea, pero no tengo nada de conocimiento de la industria y aún así me quieren en su consejo, te platico después cómo me ha ido, (pasó poco más de ocho meses de este mensaje).

Héctor -dijo por *Telegram*- ¿recuerdas el tema del consejero para la empresa de entretenimiento?, debo confesar que no, ¿a qué te refieres? y te ofrezco disculpas, pero no lo tengo presente. No te preocupes –replicó Justino- es que han sido días interesantes.

Me incorporé al gobierno corporativo de esta empresa -dijo iniciando al relato- y me han dado un puesto con una nota al apenas entrar, debo confesar que me pareció muy misterioso al principio, pero he llegado a entender la razón de ser de su propuesta: "Es usted el dueño del no y esta nota debe ser destruida y frase jamás pronunciada" –decía la nota-.

Espera, –dije todo intrigado- pero te adelantaste como 15 pasos ¿de dónde viene?, ¿a qué te refieres?, tienes razón –dijo en tono conciliador - te platico como empezó todo: me buscaron de esta empresa de entretenimiento, contrataron un nuevo CEO de nombre Jorge, un tipo muy inteligente con ideas interesantes, viene del sector de energía, te comentó con certeza ya que he convivido en varias ocasiones con él, es más tengo que presentártelo para que comamos juntos, es enriquecedora su plática. Me han buscado desde el consejo de administración, un socio encontró las #CharlasConJustino y me ha buscado por un amigo que tenemos en común

¿Adivina quién es?, no me gustan las adivinanzas Justino. Qué mal, es Óscar mi estimado Héctor aguafiestas -me reprochó- él nos ha presentado ya que le dijo quién era yo, que tú escribes cuanto platicamos, le pareció interesante. ¿Y de eso surgió el que te invitarán al Gobierno Corporativo? –pregunté-. En efecto, después de platicar y llegar a un acuerdo, me aceptaron en el gobierno corporativo, en la primera reunión poco antes de entrar, me dieron esa nota que te comento.

La verdad – dijo Justino- es que estaba muy arrepentido de decir sí al cargo después de esa nota, me sonaba a pérdida de tiempo, una mala broma a mis costillas y no estaba nada a gusto debo decir, pero decidí darles una oportunidad, esperé sin decir palabra.

La reunión dio comienzo, nos presentaron a todos los consejeros somos siete consejeros para la empresa, nos dieron las reglas del Gobierno Corporativo, seguido por la entrada de Jorge, estábamos en total 17 personas, con todo acordado, las herramientas, el sistema de acuerdos, todo lo tratado fue la manera en que se organizaría, finalmente acordaron la agenda de la siguiente sesión donde se tocarían ya temas de entrada en función de CEO y de nosotros.

Seguía con mal sabor de boca amigo, no logré platicar con el accionista que me había contactado por qué se tuvo que ir, me dijo que lo buscara con su secretaria, me sonó a que no quería saber nada de mí, en fin, mi ánimo muy triste, pero bueno, dije le daremos una reunión más, una de trabajo y ya veremos qué pasa.

La mencionada reunión llegó dos meses después tal como lo decía la agenda, el CEO nos iba a mostrar su plan de acción para esta empresa, me interesaba como lo iba a hacer, algo he de aprender para BancoT me dije, con eso en mente me dirigí a la reunión.

Es en las noches en un lugar muy bonito, es una cena primero nos atienden muy bien, luego pasamos a trabajar, ahí ya estaba más contento por el buen trato que me dieron, llegamos los siete consejeros puntuales, nos saludamos, conversamos sobre trivialidades unos 15 minutos, nos sirvieron de cenar y una copa, para finalizar con la entrada del CEO quién por cierto no cena con nosotros sabes, eso es interesante al parecer no está bien visto que conviva con nosotros.

Espera Justino - interrumpí súbitamente- ¿entonces cómo es que lo conoces y comes con él? Buena pregunta -y sonrió- se nota que me estás poniendo atención, muchas gracias, resulta que Jorge es muy amigo de Óscar y coincidimos en una comida, de ahí en un par que hemos quedado, le pregunté si había o sabía de alguna regla de que los consejeros no podían convivir con el CEO, dijo que no en realidad, lo único que le habían dicho era que debía revisar la personalidad de cada consejero, por ello habíamos tenido un par de comidas pero nada más, en adelante la mejor manera era estar más distantes.

Claro que eso no quita que es brillante y que lo tienes que conocer amigo -sentenció- muchas gracias, quizá mejor le diga a Óscar que me lo presente ¿te parece bien?, buena idea Héctor-dijo-, te sigo contando del segundo encuentro de esta empresa, en mi cabeza seguía la frase de la nota.

"Es usted el dueño del NO y esta nota debe ser destruida y frase jamás pronunciada". Jorge empezó con su explicación de su plan de acción, poco a poco iba ganando terreno en la cara de los consejeros, un plan arriesgado debo decir, le empecé a buscar huecos, para eso me contrataron me dije, para dar ideas al respecto, como ayudarles a proteger la inversión y maximizar la utilidad de los inversionistas.

Dos consejeros se regresaron, empezaron a cuestionar, Jorge los intentaba convencer por todos los medios, su encanto natural y buen vendedor estaba ganando terreno, parecía razonable la estrategia una vez explicada me dije… tocó el momento de aprobar el acuerdo para sentarlo en el acta de la reunión y pasar a la ejecución, claro la inversión necesaria avalada por nosotros los consejeros.

Pasó lista uno a uno de los consejeros, algunos preguntaron más dudas y terminaron convencidos por el gran vendedor que es Jorge, mientras estaba ya convencido sin preguntas llegaron a la consejera que estaba a mi lado, una mujer seria que no se dejaba amilanar por nada, preguntó temas simples pero importantes, detuve el instinto barato de menospreciar sus preguntas, pero hice bien en rechazarlo y entender que no hay preguntas simples, al final tenía una estructura para llegar… para llegar a un punto específico-

Ahí, cual historia de *Hollywood* entendí la nota que me dieron, cada uno de los consejeros llegaron con sus preguntas a un lugar específico, la misión era distinta, unos se orientaron al riesgo, otros a las finanzas, mi vecina de lugar a la estrategia, otro al mercado, otro a la innovación, entonces yo era de tecnología me pregunté, no espera me dije rápido, estaba terminando mi vecina, seguían conmigo… ¡debo tener una conclusión ahora! me urgí a mí mismo.

Consejero Justino -repitió una voz por segunda o tercera vez, que me hizo regresar de mis pensamientos- Sí -dije de manera estoica sin disculparme y con soberbia en la mirada, ¿si tiene preguntas consejero? – dijo la persona, con voz más baja, mi actitud se permeó directo denotando mi autoridad- ninguna -dije sin emociones-

¿Y su voto por favor? -me preguntó nuevamente-, no estoy de acuerdo con el plan presentado, mi voto es en contra - le dije con un tono más suave, pero con firmeza-, entendí que era el dueño del no, mi tarea era encontrar los huecos dado mi perfil tecnológico para siempre ser negativo, equilibrar y forzar a un nuevo pensamiento, dos consejeros sonrieron complacidos sin más ni más, ellos renunciaron después, me explicaron posteriormente que sólo eran vigilantes de los accionistas y estaban en acuerdo total con este nuevo consejo que se había formado, ahora sólo de 5 personas.

Jorge se quedó en una pieza ¿me indica la razón consejero Justino? – me preguntó sorprendido-, entendí que pensaba que estaría de su lad por las conversaciones en las comidas anteriores, buen estratega este CEO pensé mucho que aprender.

Por supuesto -dije, la verdad no tenía ni idea de por qué dije que no, sólo por ser mi mandato, empecé a repasar el plan mostrado, lo crucé con variables de mercado, tendencias, financieras, innovación, competencia en un abrir y cerrar de ojos:

¡nada!... tranquilo me dije necesito tiempo un par de segundos para pensar...

El plan es bueno, no quiero ofender a nadie -empecé diciendo- mientras que un proceso en background estaba buscando la respuesta y el argumento al no (no pude más que sonreír ante el Justino técnico, un proceso en background se usa en sistemas operativos de base *Linux* o *Unix,* donde se ejecuta en segundo plano, es decir, se tienen dos procesos al mismo tiempo, sólo que uno es el que se ve el otro sigue pero debajo de la superficie), sin embargo encuentro algunos puntos de los cuáles no necesito explicación -dije el no, con énfasis para establecer mi poder y escapar del vendedor, sólo veía la cara de Jorge como captaba el mensaje y casi pude leer sus pensamientos- me parece que deben ser replanteados.

En honor a la verdad, la votación era 6 contra 1, es decir que el resto de los consejeros ya habían votado a favor, mi voto era un mero trámite, al menos eso había pensado, me cayó de pronto la razón de la nota: “Es usted el dueño del NO y esta nota debe ser destruida y frase jamás pronunciada”.

La reunión terminó, el plan se llevó a cabo, un poco después de la tercera reunión, es decir la semana pasada Jorge el CEO me invito a comer de manera formal, me agradeció con exageración honesta mi actitud, es muy valioso tener alguien que nunca está de acuerdo me dijo, me ha hecho no confiarme en las variables externas o internas por más débiles que sean, al inicio pensé que era negativo por el hecho del protagonismo, pero luego entendí que su labor era la más compleja, encontrar por donde tenemos un riesgo, eso me ha hecho crecer en mi labor del día a día.

Con eso en mente, fui con Diego el *Chairman* de BancoT, para proponerle que hagamos un Gobierno Corporativo, pero por lo que más quiera… necesito tener al dueño del NO.

Los cambios empiezan y terminan siempre con las personas

Justino

El mito de la escalabilidad

Mañana tenemos reunión de Consejo y el *Chairman* –me dijo Justino vía *Telegram*–te noto preocupado, ¿cuál es el problema?, qué quieren crecer BancoT a tres países de Latinoamérica ¿recuerdas que nos pasó con los boinas rojas y verdes amigo?

Cómo olvidarlo Justino, aprendimos mucho de la expansión a otros países, fue una época muy buena. Pero es todo un tema, se desgasta la gente, se hace a prisa porque crees que si los has hecho otras veces sólo es replicar y tropicalizar ¿recuerdas?, cómo olvidar esa palabra y el súbete a la ola, que nos decían cuando íbamos a otro país, entender la regulación local se volvió complejo en dos países y otros no fueron rentables.

¡Exacto! -dijo Justino entusiasmado como si adivinará sus pensamientos- es justo lo que no quiero, perder el foco y que por crecer tengamos descuidos locales, por eso estoy nervioso,mañana será un gran día -no sabía que decir debo confesar, nada podía hacer más allá de leer y entender los mensajes-.

Mucha suerte – sólo atiné a decirle - gracias, te cuento mañana como me ha ido, por favor, Justino -nos despedimos-, me quedé hundido en recuerdos del pasado … de las boinas rojas con verde. Espera ¿a qué hora es tu reunión? -dije para saber a qué hora buscarlo- de 9:00 a 13:00 pm -respondió- te busco por ahí de las 17:00 y te cuento ¿de acuerdo? Hecho, abrazo y éxito.

Al otro día estuve pendiente de la hora, Justino es un tipo que pocas veces se preocupa debo mencionar, este tema que lo tenía pensativo me interesaba mucho para poder ayudarle si era posible, o por lo menos que contara con mi apoyo moral. Llamé a las 17:00 en punto y esto es lo que me ha contado:

La escalabilidad está sobrevalorada –dije para empezar al Consejo, me miraron con cara de que no estás entendiendo el mandato señor CEO, te digo esto con certeza por qué un socio se levantó… me lo dijo dos veces, por si no me quedaba claro.

Estaba preparado para tal reacción -y suspiré de alivio- acto seguido les detallé los costos de expansión a los tres países, cada uno tenía costes diferentes, expliqué cada uno, pero antes de que sigamos con costos dije:

tenemos que encontrar la medida justa para saber que nuestro mercado local está rebasado y que debemos expandirnos.

Diego se levantó, me miró con expresión de una lección de experiencia ¿sabes?, lo notas y ya, no es reproche, no hay movimientos, ni muecas, sólo esa mirada y presientes que algo grande viene, pero entonces tienes otro reto ¿me siento? ¿sigo de pie? Lo primero le da la autoridad y de algún modo infiere en que he cometido un error al decir mi estrategia, si me quedo de pie quizá sea un desafío a su autoridad … en esto estaba cuando Diego lo interpreto.

Me puso su mano derecha en mi hombro, luego me apretó el brazo en total condescendencia y dijo: gracias Justino - me senté- llevas razón en los números, en que la escalabilidad está sobrevalorada, es algo que hemos sufrido en carne propia con los años, donde creo que podemos -hizo una pausa como para asegurar las palabras- debatir Justino -y asintió con la cabeza para afirmar que estaba contento con la palabra que encontró- es en el indicador o la justa medida como le llamas para saber que ya estamos listos para expandirnos a otros mercados.

Diego caminaba por toda la mesa del Consejo, en total comodidad como si estuviera en la sala de su casa, haciendo pausas en cada frase y mirando de hito en hito a los socios, que sólo asentían ante el gran maestro -qué fortuna la mía pensé, de estar aprendiendo de este señordespués de unos minutos dijo: la escalabilidad se piensa como parámetro para procesos, pero no debe ser aquello que le quita el sueño a una empresa, los mercados no siempre se repiten y es un esfuerzo distinto para cada uno.

Apenas terminó la frase, se dirigió a su silla, me cedió la palabra con un ademán de su mano. Sugiero dije -sin levantarme y más seguro de mi discurso- que para encontrar ese indicador que nos de claridad de expansión regresemos a los números, pero a una variable que considero mucho más importante. La escalabilidad se puede medir con base en la satisfacción de los tres ejes de la empresa: accionistas, clientes, empleados, si fallamos con alguno ¿qué caso tiene escalar?

Para empezar, pregunto ¿en esta sala estamos satisfechos con la cuota de mercado y la rentabilidad actual? Esta simple pregunta llevo a debates filosóficos, pero al final después de casi hora y media de comentarios y discusión, dijeron que no estaban satisfechos con la cuota de mercado ni con la rentabilidad.

Para ese momento, me arrepentí de la pregunta que había formulado, quería decir que he fallado como CEO, me sentía destrozado y listo para ser despedido... Diego una vez más me rescató y dijo: la satisfacción del accionista está dictada por los procesos implantados, donde las fallas y aspectos de mejora deban ser acusadas al proceso y no a las personas, siguió diciendo... esto quiere decir que, una vez que se tengan la mayoría de los procesos documentados, ejercidos y validados, contamos con una fortaleza que nos permitirá realizar modelos "S" para la organización.

Justino -dijo mientras me miraba con fuerza,pero amabilidad- hagamos una estrategia no de escalabilidad, sino de fortaleza de procesos con indicadores de fallas, por favor. El modelo será de franquicia para establecer un *BCP* en otro país como *DRP*, -dice Diego-. Con ese mandato se terminó la junta, me he quedado anonadado, me encanta la orden, me voy a divertir mucho con llevarlo a cabo. Si entiendo -dije rápido, pero corregí- no mejor dicho en español ¿qué quiso decir Diego?

Si claro, perdón amigo es lo siguiente: un modelo de empresa, donde lo importante son los procesos como cultura para controlar sesgos operativos, si hay fallas la culpa es del proceso no de la gente, lo cual ya representa un cambio de paradigma.

El *BCP* es *Business Continuity.* Plan por sus siglas en inglés, quiere decir que debemos estar listos con las operaciones críticas, esto se hace típicamente en caso de desastre, pero ¿y si lo hacemos como parte del cambio del mercado? El *DRP* es *Disaster Recovery Plan* por sus siglas en inglés y la idea de Diego es encontrar la manera de probar el plan de continuidad bajo entornos *VUCA.*

Ahora si entiendo -dije- muchas gracias, es genial lo que te han encomendado, ya me contarás por donde empiezas… eso es fácil Héctor -dijo como si lo ofendieralos cambios empiezan y terminan siempre con las personas.

¿Por qué te tardaste tanto tiempo viendo Netflix, luego Google y al final Amazon?

Esposa de Diego

Tu atención tiene dueño

Hola, amigo -dijo Justino por *Telegram*- Hola ¿cómo va todo?, pues más o menos, -ante la respuesta decido marcarle, –me ha contado brevemente que tiene un problema en BancoT, hemos quedado para tomar una cerveza y platicar al respecto.

Ha llegado puntual al lugar de hecho, se me adelantó un poco, me preocupa lo que viene después de ello, debe ser urgente... pienso. Hola Héctor dice efusivamente, se levanta de la silla para saludarme, viene sin traje lo cual no es muy habitual en él, acto seguido se sienta, me ofrece disculpas por adelantarse ordenando una cerveza clara, sólo atinó a decir que entiendo perfecto, le hago hincapié en que me diga que le pasa... el mesero se acerca atento y le pido una cerveza oscura para acompañar.

Héctor –me dice mirándome fijamente– te voy acontar lo que me pasó ayer, por eso quería verte, necesito un punto de vista diferente al mío, mira te comento –

me dice sin oportunidad de decir una sola sílaba- ayer que fue día lunes 9 de septiembre, llegó Diego el *Chairman* más puntual que de costumbre lo cual me hizo sospechar de manera inmediata, suelo llegar temprano a la oficina ¡tú lo sabes!, me ha llamado a su oficina de manera urgente, me comenta su secretaria.

Diego estaba pensativo, sin notar mi presencia lo observo unos segundos para no desconcentrarlo de sus pensamientos - dice Justino iniciando su narración- sólo puedo ver un poco su mirada dilatada, su lenguaje corporal me alerta que algo importante ocurre, decido que es mejor esperar un momento, dudo al respecto como un adolescente antes de pedir permiso, Diego está de pie con una sola mano en el bolsillo de su pantalón,un pie delante del otro para hacer apoyo y lograr una postura cómoda para reflexión, eso parece buena señal me digo para apoyarme, su mano se apoya en la orilla de la ventana, está viendo a la calle sin enfocarse en nada en particular... sí debe ser algo muy importante pienso, pero es hora de saberlo y saludo sacándole de sus elucubraciones.

Hola Justino, buen día –responde–, Diego, me dicen que deseas hablar conmigo ¿cómo puedo ayudarte? –sonríe como imaginando una luz de esperanza, puedo reconocer esa sonrisa a medias y me arrepiento de mi expresión apenas ha salido de mis labios–, eso espero –murmura para sí mismo y repite– eso espero... -apaga un suspiro-.

Justino, ayer domingo después de comer con mi familia, los niños se fueron a jugar videojuegos, nos quedamos platicando -me invadió una sensación extraña, sí empezó con un tema muy personal algo grave ocurre mi esposa me dijo que llamaría a mis suegros para saber cómo estaban, apenas levantó el teléfono abrí *Linkedin* en mi celular –mi mente Héctor empezó a buscar en cada palabra algún indicio de su reflexión, pero en un par de segundos decidí que era mala idea y que podía perder información importante por no escuchar atentamente, deseché el pensamiento, me enfoque en su conversación sin reflexionar-

Una persona me recomendó el libro que se llama *Democratizing Innovation* de Eric von Hippel –me contuve mucho para no hacer un comentario y que me repitiera el nombre para comprarlo, interrumpir no parecía la mejor idea, decidí esperar, tomé nota mental para el final de la pláticaentonces sucedió algo que me tiene pensando mucho Justino, estaba pensando antes de que llegaras, como transmitirte el punto importante del evento del fin de semana -yo sólo seguía escuchando muy atento, repitió más despacio nombre y autor, agradecí con un simple movimiento de cabeza–.

Me dio interés el libro y busqué en *Google* más detalle -siguió diciendo Diego Héctor- encontré un sitio que daba la reseña y la vida del autor, me ha interesado mucho decido investigar más, encuentro que hay una película, me quedé atrapado viéndola durante unas 4 horas y otro documental que me recomendaron, apenas me di cuenta del tiempo que pasó cuando mi esposa me interrumpió diciendo que mis suegros me mandaron saludos, agradecí el gesto, me dijo que era hora de mandar a dormir a los niños para la escuela ... me quede perplejo por una hora Justino ¡eran casi las 21 horas!

Al notar mi esposa mi nula participación en el evento de dormir niños, sólo me miro con un ligero reproche en su mirada y me volví al celular, continuaba con el tema del libro, me sentí mal por no ayudar, le dije: dame 10 minutos, amor y te ayudo, no espere respuesta Justino, pero imagino que no me gustaría nada lo que dijo o pensó.

Busqué en *Amazon* el dichoso libro, al revisar el tema me salieron otras recomendaciones que me hicieron todo el sentido decidí comprar también, en total en la canasta de compra tenía cuatro títulos muy interesantes, decidí terminar mi compra, pero las recomendaciones no paraban y no podía resistir... ¿cómo se llama ese síndrome de sólo comprar libros y no leerlos?, ¿sabes? – negué con la cabeza, seguía sin emitir palabra por curiosidad genuina ante la narración de Diego – en fin, no importa no te preocupes, da igual.

¡Tsundoku! -casi me grito Diego- así se llama el síndrome, continúo diciendo –fui a nuestra *App* de BancoT, para ingresar mi tarjeta virtual con CVV2 dinámico para proteger mi compra por internet, coloqué esta información en *Amazon* para finalizar la compra ...

quién me dio una recomendación final: ¡no esperes, empieza a leer en digital los libros que has comprado!

No me resistí empezando a leer de que iba este libro que me había gustado, el de innovación me refiero, estuve entretenido por otros 20 minutos, quizá más, hasta que de nuevo mi esposa me volvió a interrumpir diciendo que, si podía hacerle caso, ya sabes Justino, donde manda capitán ... –dijo soltando una sonora carcajada que alivió la tensión de su relato, porque era algo simple y dominical en familia, pero el tono de su voz detonaba una situación implícita que, me tenía en su despacho a esa hora –.

Finalmente se terminó el domingo, me he levantado esta mañana y a pesar de ser temprano había decidido llegar tarde a la oficina para desayunar con mi esposa, compensar el descuido de la noche anterior, como bien asumes no se quedó muy contenta por no ayudarle con los niños ... –dijo a modo de confesión –.

Apenas me senté a tomar el desayuno me preguntó algo que hizo estallar dentro de mi cerebro, –vaya por fin estamos cerca me dije para mis adentros– aunque era la pregunta más simple y sin intenciones ocultas sabes ... eso lo hizo más complicado, lo que me hizo arreglarme rápido, venir a buscarte cuanto antes, agradezco que hayas llegado tan temprano no podía esperar a compartir contigo este hallazgo –si claro pensé, tanto que no me has dicho nada, sólo tengo la parte sin conclusión y me urge saberlo –.

La pregunta Diego –interrumpí– por favor, que me tienes en ascuas, disculpa Justino tienes razón, lo que mi esposa pregunto fue: ¿Por qué te tardaste tanto tiempo viendo *Netflix*, luego *Google* y al final *Amazon*?, no preguntes cómo supo… lo importante de este mensaje es: ¡no mencionó BancoT!

Ahí entendí algo muy importante Justino: mi atención tiene dueño y es donde se va mi dinero, no sólo mi atención. La verdad Héctor no supe que más decir, le pedí que me diera la tarde para reflexionar al respecto, es complejo -dije- Diego sólo asintió y me indicó con un ademán que podía retirarme.

Por eso -siguió diciendo Justino- me pregunto: ¿quieres dinero? debo tener tu atención entonces, en la banca no tenemos la atención del cliente, sólo tenemos la reclamación, -dijo Justino-. Eso es mucho peor para mí ha sido un descubrimiento que nos puede llevar a la ruina sabes.

Quién tenga la atención, tendrá el dinero, -dice Justino- este mensaje, lo mandé a imprimir en mi oficina, lo he puesto en la firma de mi correo para que me pregunten a que me refiero ¿sabes que he comprobado?

No, pero imagino que no has tenido respuestas favorables. Exacto y es triste, yo tampoco tengo su atención, me preocupa -dijo en tonomelancólico – ,tengo un gran reto -siguió una vez que había recuperado la emoción- sin duda alguna, es tener la atención de mi cliente interno y por supuesto el externo.

El reto es entender que quiere el cliente, que no sigamos diciendo: el cliente final es el mejor tester, es la frase que mata los negocios . –dijo Justino-. reflexionando unos segundos me dijo para terminar y pedir la cuenta.

¡Bienvenido a la Economía de la atención!

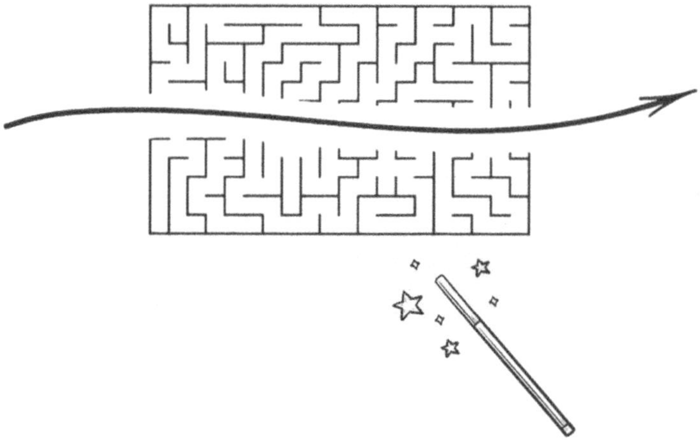

¡Lo mágico es darlo por descontado!

¿En qué piensas? cuando digo...

Tengo un ejercicio para ti ¿me ayudas? -me preguntó Justino- claro amigo, con gusto -respondí-. Dime lo más rápido que puedas, el primer pensamiento que te venga a la mente -dijo con tono de instructor- bien, con gusto -dije interesado a donde me llevaría su ejercicio-.

¿Refresco?, Coca-Cola -respondí en milisegundos... tan rápido que fue sin pensar. ¿Banco?, y tardé tanto en poder responder por las siguientes razones que cruzaron por mi cabeza, si digo una característica que no cumple con mi campo semántico anterior, donde estaba un producto.

Sí tengo que decir un nombre de banco, estoy haciendo una relación de recomendación, tal es el caso de mi primera respuesta y... no tengo ninguno para nombrar.

¿Se vale *Fintech*? sí es afirmativo, tampoco tengo un nombre, ¿cuánto tiempo ha pasado?,ya entendí el ejercicio ...

no tengo respuesta es la respuesta correcta. Justino sólo me miraba cuando regresé de mis pensamientos y me dijo: bien amigo, el hallazgo es que no hay respuesta, hay muchos tipos de refresco, pero de toda la gente que he hecho el ejercicio en un 90% responde Coca-Cola.

Ahora que tenemos el problema debemos encontrar alternativas de solución -dijo Justino- no es nada sencillo - dijo en tono reflexivo -, considero que la primera idea es plasmar algo, que bien puede ser cambiado en el tiempo, incluso mutar a otra cosa es perfectamente válido, el asunto es iniciar con algo para encontrar nuevos caminos -siguió diciendo-, me ha mostrado el siguiente diagrama:

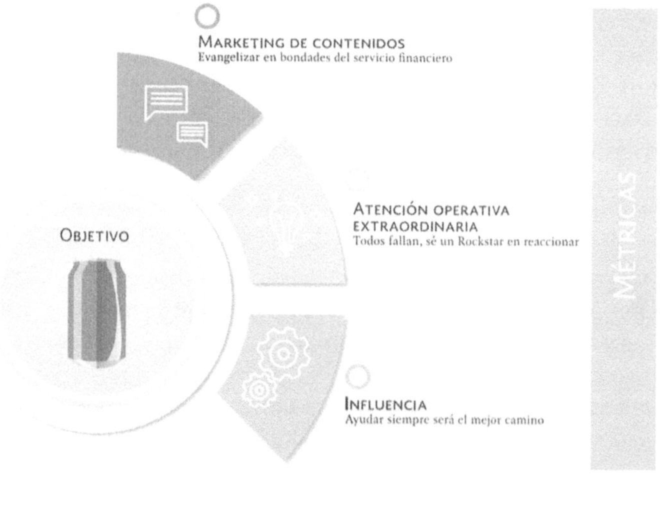

Estrategia mutante, basamos la nuestra en estos tres aspectos –dijo a modo de explicación- no sé si lograremos, ¿y los productos Justino? quiero decir, ser certero en tu oferta con relación a lo que tu cliente necesita.

Lo damos por descontado -respondió tajante-, ¿la atención y experiencia para el consumidor, ¡descontado! de nuevo, -pero con mayor énfasis sino no podemos ser competitivos, ¿el cliente en el centro? -dije como último recurso, lo he leído y escuchado tanto que puede ser una buena idea, o eso pensé-.

¡Por descontado!, pero con una variante Héctor-tuvo toda mi atención- en acciones para un ecosistema, pero no puede ser tan simplista - repliqué con insistencia-quiero decir tiene fondo, pero hay algo más profundo que eso.

¿Y qué es? -cuestionó con una mirada inquisidora- no lo sé, pero tanta simplicidad me abruma… creo. Es probable -dijo en modo rescate qué caigas en el vicio generalizado de que para que una estrategia tenga peso, tiene que ser compleja e imposible de tener en una sola hoja.

Si no puedes resumir tu estrategia a un dibujo de una hoja ¿cómo esperas recordarlo para ejecutar? –dijo Justino- ¿sabes? quizá ágil deba ir con apellido de simple, eso puede ayudar mucho en la ejecución, se podría permear a toda la organización.

Me gusta tu diagrama, me quedo con que puede cambiar y es mutante -dije ya más convencido-.

Banco mi querido banco, ahora ya carga lento…

Justino/Héctor

III

La banca de la tercera edad

Si... ¿la Banca fuera el participante de la tercera edad en el sector financiero? –le dije a Justino, mientras disfrutamos un café el frío y lluvioso el jueves pasado–continué al no tener comentario alguno– la *Fintech* es el chico novato nuevo en el barrio, las Sofipo, Sofomes, cajas de ahorro etc., son los adultos sobrios de bajo perfil. BancoT al ser un *Neobank* puede ser el jugador más formal con mezcla de mundo banca, pero con el arrojo de la *Fintech* y sensatez de Sofipo - Sofom.

Mi buen amigo sonrió un poco, me miró fijamente y luego suspirando me dijo: ¿la Banca es de la tercera edad Héctor?, - ¡espera! -atajé inmediatamente- no lo mal intérpretes, quiero decir que tiene toda la experiencia, tiene Fobaproa sobre sus espaldas, crisis monumentales, gestión de riesgos, fraudes, manejo de dinero privado, créditos a largo plazo, Basilea, regulación, entre muchas cosas que la hacen fuerte – recalqué –.

Justino, sólo asentía con la cabeza sin decir palabra, mientras me escuchaba atento sorbiendo su café, lo cual me hizo sentir confianza para seguir con mi idea. La experiencia que representa se basa en su reputación y antes de que digas nada quiero decirte un resultado de un pequeño experimento –Justino sólo asintió–.

En un par de conferencias que he dado, pregunté algo como esto. ¿si tuvieras mil pesos, donde lo inviertes?, ¿*Fintech* o Banca? – Justino se inclina en su silla hacia adelante, señal de que tengo su total atención. *Fintech* fue la respuesta más general y mayoría apabullante en ambas oportunidades –le digo y él está de acuerdo con un gesto, ese que hacemos cuándo nos dicen algo obvio–.

¿Si tuvieras 5 millones, donde los inviertes?, ¿*Fintech* o Banca? –Justino sonrió intrigado–, la respuesta, ¡Banca! también apabullante debo decir, eso me dice que: su valor está en la experiencia demostrada de manejo de grandes capitales proyectos, clientes en el tiempo, su base sólida probada en muchas tempestades.

¡Cuánto amor por la banca! –dijo Justino al final en tono de celos-, sólo expongo hechos amigo– respondí serio, le cambió la cara y entendió que mi análisis no era para chistes ¡era de gente grande! – ¿la *Fintech* Héctor? – en tono serio preguntó Justino –. El arrojo que la juventud y la inexperiencia brinda, no me refiero a las personas que lo hacen únicamente, sino al campo de acción, estamos en una era digital donde se puede experimentar y hay mucho por descubrir.

La *Fintech* no ha tenido fracasos, por ello no le teme a nada, no sabe que el fuego quema… aún, me fascina lo que propone, de hecho, la uso mucho más que la banca, porque me da algo que debo confesar la Banca sólo rasga… ¿y qué es? parece muy importante – inquirió Justino –. La experiencia del consumidor digital es el producto de la *Fintech*, su propuesta está ligada a su agilidad que le permite su tamaño, pero un día ganará kilos como lo humanos mientras se hace adulta, les pasa a todos, recuerda cuándo estábamos con las boinas rojas con verde iniciamos pocos, se sumaron muchos y las decisiones poco a poco fueron siendo lentas –le contesté-.

Vivimos esa transición poco a poco, sin notarloapenas –completó mi frase Justino lleno de melancolía –, pero hay adultos sobrios –dije regresando al tema y para animarle– Sofipo, Sofomes, cajas de ahorro que también han vivido y tiene su potencial muy importante, su base operativa es de nicho, su gran fortaleza que tiene fecha de caducidad en la era digital, la misma que le alcanzó a la banca. Estos actores han demostrado que hay negocio para todos los participantes, sin colaboración alguna, son nichos y mucho mercado por conquistar, me parece que es donde la estrategia está siendo mal llevada –dije–.

¿Por qué dices eso? –Justino-, el mercado digital se busca por los ya bancarizados, dejaron la inclusión digital ya que es un negocio caro, adquirir un cliente es más costoso que uno existente, -le conteste-. Totalmente de acuerdo -dijo-.

¿Qué opinas de los *Neobanks*?, es un jugador que mezcla lo mejor de los dos mundos, tiene licencia es un Banco con una apuesta *Fintech*… pero…. – Justino me miró, y ante la pausa preguntó – ¿pero?, están atrás de *Fintech* y más cerca de banco, si logran generar un negocio digital, es decir automatizar las necesidades financieras digitales de sus clientes, por y a pesar de la regulación serán un gran competidor, la confianza es la base de la operación en masa y montos importantes.

En el café le subieron a la música y por coincidencias del destino, empezó a sonar una canción que se llama “Mi viejo” que ponen típicamente el día del padre, ni tardos ni perezosos, empezamos una parodia al respecto, favor de imaginar o escuchar de fondo dicha canción.

> *Es un buen tipo mi banco que anda solo y esperando tiene Fobaproa y experiencia larga de tanto venir operando la Fintech, lo mira desde lejos*

pero son tan distintos es que creció con el siglo con Cobol y sucursales físicas banco mi querido banco, ahora ya carga lento como perdonando el tiempo la Fintech es tu sangre mi querida banca la herencia digital de este tiempo ella tiene los sistemas buenos y una infraestructura... pesada los clientes se vinieron encima sin internet ni canal digital la Fintech tiene los años nuevos y la banca los años viejos el Neobank lo lleva dentro con su experiencia a tiempo banca mi querida banca ahora ya cargas lento ...

Considero que estamos viviendo un parteaguas en el tiempo financiero provocado por esta era digital por lo que tenemos que disfrutarlo al máximo.

El entorno avisa siempre …

III

¿Quién se ha llevado mi queso?

Justino me mando la siguiente frase, que debo confesar tuve que leerla dos veces para buscar entenderla:

> la inmediatez es una práctica de nuestro tiempo que se debe integrar a la operación, pero se debe aislar de la estrategia del negocio.

Decidí marcarle, no atendió mi llamada, me mandó un mensaje varios minutos después diciendo; estoy en una junta ¿tienes tiempo para ir por una cerveza hoy por la tarde? –le dije que sí- En vía de mientras Héctor ¿Has leído el libro ¿Quién se ha llevado mi queso?, lo he visto, pero no lo he leído aún – confesé–, no te apures, mira este video a reserva de leer el libro para que podamos platicar –y me mandó el *link*–.

Llegada la hora de nuestro encuentro, una tarde magnífica por cierto en CDMX cielo despejado y un ligero calor extraordinario para el mes de diciembre, nos saludamos, Justino se aflojó la corbata, ordenó una cerveza para sí, yo llegué primero y ya tenía la correspondiente, me preguntó: ¿viste el vídeo Ortega?

Sí, me gustó tanto que me apuré para comprar el libro –se lo mostré para corroborar mi acción, sólo sonrió complacido, asintiendo con la cabeza–, ¿qué puedes decirme que te haya quedado como síntesis? –cuestionó– el cambio es la única constante – respondí con alevosía, a sabiendas de que no era la respuesta de *cliché* que me complacería–.

¿Y eso que te dice? –argumentó- cayendo en mi trampa, sonreí antes de contestar y entendió perfecto el mensaje de complicidad, se arrellanóen la silla para sentirse cómodo-, el cambio es la primera señal para la gestión del riesgo, donde es su propia paradoja - le contesté-.

¿Conoces que quiere decir el acrónimo *BAU*? no Justino –respondí intrigado–quiere decir: *Business as Usual* – dijo-, puede ser un modo inte-resante de gestión, pero si se le usa sin fecha de caducidad es peligroso, este mundo de negocios es el laberinto donde las oportunidades están ahí, no escondidas sino no descubiertas.

¿Sabes Ortega? –Dijo Justino, mientras tomaba un sorbo de cerveza y me miraba fijamente a los ojos, en señal de algo importante producto de reflexión- estuve dando vueltas a este libro que lo he regalado al equipo para que lo lean y entiendan el mensaje.

¿Cómo ha ido eso?, ¡qué buena pregunta! –respondió entusiasmado– lo leyeron, asintieron, pensaron, comentaron y alguien logró reflexionar un poco, para luego volver a su vida de inmediatez una hora después.

¿Su *BAU* amigo?, si justo, pero no he culpado a nadie, ni siquiera a este virus de la inmediatez que produce dopamina en el cerebro, mucho menos a *FOMO,* ¿qué cosa es eso amigo? – dije-*Fear Of Missing Out,* patología psicológica que se produce por el miedo a quedarse fuera del mundo tecnológico o no estar a la par –respondió–.

Pero, si regresamos a la acción, me habías comentado que algo estuviste haciendo al respecto -lerespondí- sí, pero primero te pregunto algo, para validar mi propia teoría y que sepas de donde partió, si quisieras ser el mejor futbolista del mundo ¿a quién imitarías? –dijo-.

Supongo que, a Ronaldo o Messi, aunque el fútbol no es mi fuerte –repliqué– exacto, da igual el personaje lo que importa es que imitaremos al que sea *state of the art*, por ello después de mi investigación llegue a la siguiente conclusión: la inmediatez es una práctica de nuestro tiempo que se debe integrar a la operación, pero se debe aislar de la estrategia del negocio.

Busqué las mejores prácticas en gestión de empresas que han perdurado en el tiempo, una base sólida con principios probados en el tiempo, que me diera una brújula para avanzar y dejar a un lado la inmediatez, me pregunté; ¿qué han hecho bien?, ¿estrategias que han seguido?, ¿es posible en este mundo de inmediatez?, ¿las correlaciones existentes serán fiables?

Los hallazgos son estos Ortega:

- Samsung empezó vendiendo pescado y fruta, IBM llegó a fabricar armas en la segunda guerra mundial y NOKIA vendía papel higiénico, no es la idea cambiar de giro de negocio, sino el modelar el cambio.

- Las correlaciones pueden no ser fiables, quizá deban ser adaptadas, pero de alguna manera, sientan precedentes válidos.

Se ha hecho, se encontraron estas correlaciones que, por cierto, escuchando un *podcast* de José Cuervo tiene todo el sentido:

1. Conservadurismo financiero: la gestión del dinero es de vital importancia para aprovechar oportunidades de negocio.

2. Procesos para aprender y adaptarse: como dice el libro: estar atentos diario a los pequeños cambios en el queso.

3. Consciencia de su identidad: una familia, un barco, una tribu, una comunidad, todo concepto cuenta para ser parte de un todo.

4. Tolerancia ante las nuevas ideas: la experimentación es la base de innovación, siempre tomando en cuenta que no es el fin el tener un proceso de cómo hacerlo tanto como el resultado que aporta al negocio-

Otros elementos que encontraron son:

- Mayor prioridad al compromiso con los empleados que a los activos.

- Respeto por la innovación que a la reverencia por la norma.

- Desorden del aprendizaje que a la rigidez de los procedimientos.

- Perpetuación de la comunidad que a todas las demás inquietudes.

Te leo textual este mensaje amigo -dijo para terminar –

"En la empresa superviviente, la esencia del contrato subyacente es la confianza mutua. Cada persona entiende que, a cambio de su esfuerzo y compromiso, la empresa le ayudará a desarrollar su capacidad. En una empresa río, el dinero no se considera un motivador positivo. Si el dinero es insuficiente,

los empleados se sentirán insatisfechos, pero añadir dinero por encima del umbral de sueldo suficiente, no motivará a los empleados a dar más a la empresa. antes de estar dispuestos a dar más, los empleados deben saber que la comunidad se interesa por ellos como personas, y que ellos mismos necesitan interesarse por el destino de la empresa.

Tanto la empresa como las personas necesitan cuidarse mutuamente"

Con esta última reflexión, nos hemos terminado sorbo a sorbo la cerveza, apenas interrumpidos por el mesero para ordenar otra orden similar, ha sido una gran tarde, me ha dejado reflexionando y con mucho interés en seguir investigando al respecto: empresas sobrevivientes ¡me gusta la expresión!

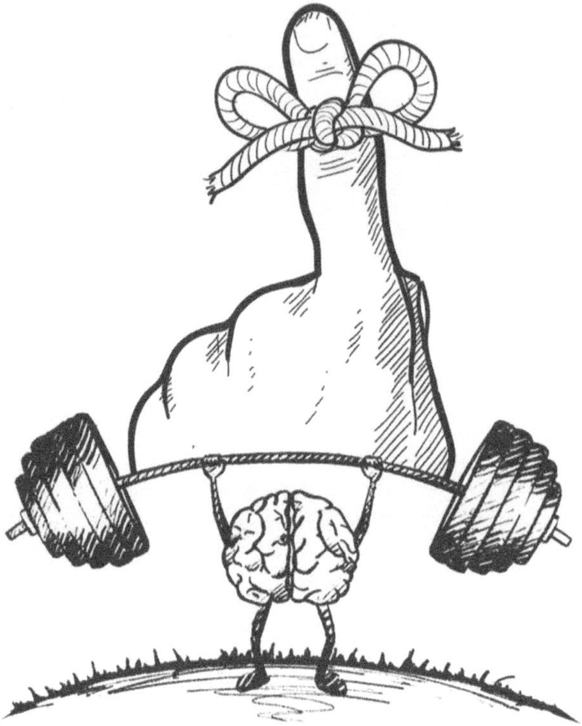

Al final se trata de recordar una sola cosa, que esto es un negocio.

Justino

Los 7 hábitos de un banco altamente efectivo

Justino me ha comentado que para cerrar el año 2019, se ha propuesto tener un discurso que no sólo sean palabras, sino que se convierta en algo accionable, algo simple y entendible para su equipo. La tarea no es fácil a simple vista, requiere meditación -dice- y para ello se le ha ocurrido una idea basada en un libro de Stephen Covey llamado, Los 7 hábitos de la gente altamente efectiva.

Me dice que lo primero es una frase, algo que haga sentir que no será igual el discurso, algo como: "los hábitos son como hilos, si día tras día las trenzamos en una cuerda, pronto resultará irrompible". Horace Mann

La charla del CEO de BancoT ha ido más o menos así, nos reunimos, toda la plantilla para el fin de año y celebrar, me conoces, sabes que odio esos discursos trillados, llenos de mensajes bonitos de navidad y fin de año, por lo que empecé con ese mensaje de los hábitos para luego decirles: les voy a platicar de la estrategia del 2020 para BancoT, en sólo 7 hábitos que nos harán altamente efectivos y son los siguientes:

1. Tenemos que ser proactivos. El mercado está lleno de amenazas pero también de oportunidades y lo importante es que tendremos un equipo que estará pendiente de los cambios en un entorno *VUCA*, probar la reacción de nuestros experimentos y dejar de ser el experimento del entorno.

2. Tener un objetivo *SMART.* es decir:

• ***S**pecific* —— Específico

• ***M**easurable* —— Medible

• ***A**chievable* —— Alcanzable

• ***R**ealistic* —— Realista

• ***T**imely* —— Definido en un plazo de tiempo determinado

Se establecerán este tipo de objetivos para que toda la organización tenga claro que buscamos y lo que es más importante, si lo estamos consiguiendo y como pueden apoyar para lograrlo desde su quehacer.

3. Establecer prioridades. -Estaremos generando objetivos *SMART* basados en tres prioridades para el negocio digital que son:

a. Crecer la base de clientes

b. Mantener un equipo compacto implicado en automatización, más que operación

c. Estar con el cliente y en su entorno

4. El negocio sobre cualquier *mainstream*. Es interesante las herramientas, marcos de trabajo, tendencias que apoyan a nuestro quehacer y logro de objetivos, pero no olvidar que el negocio es primero.

5. Entender al consumidor para ofrecer su necesidad. Se acabó el tiempo que se diseñaba en la oficina y luego se buscaba que el cliente lo consuma, ahora debemos entender que necesita para diseñarlo, el banco trabaja para satisfacer al cliente.

6. Una visión única. En adelante, todo el equipo se dedicará a generar negocio a través de la satisfacción de los clientes, la misión del equipo es única: enfoque al negocio desde y con sus herramientas.

7. Efecto " wow ". El cliente ya no es el mismo, no basta con hacer lo que necesita, se requiere un factor de servicio diferenciado, la experiencia de servicio es la base donde opera la experiencia del cliente, una sin la otra son pérdida de tiempo y dinero.

Al final se trata de recordar una sola cosa, que esto es un negocio y que las personas estamos aquí para apoyar ese negocio, no estamos para experimentar o innovar como quehacer, es un medio ¡sí! más no el fin, el objetivo es ¡hacer negocios!, no olviden que **"el cliente paga la nómina".**

Pero estos hábitos no sirven sin un canal conductor que los guíe, un hábito que haga que se levanten todos los días y con gusto asistan a seguir haciendo negocios, vamos a divertirnos en este viaje, la diversión es el motor principal de este juego, para los accionistas, los clientes y los empleados, jugar está dentro de lo que no se considera trabajo ¡pero se obtienen grandes resultados! Y así, termine mi discurso, ¡donde todos brindamos con nuestras copas!

Fue un gran discurso Justino, esta es nuestra última charla del año, - le dije- gracias por compartir tu ascenso de CDO a CEO, tu despido de BancoT, las grandes lecciones durante toda una semana en un *Neobank*, el descubrimiento de la enfermedad del banquero bipolar – nos reímos con complicidad - entre muchas otras anécdotas, nos deseamos felices fiestas decembrinas y nos despedimos con un abrazo de buenos amigos.

¡Nos vemos el próximo año! Exclamé.

Beernnovation :

La historia de la comunidad

EPÍLOGO. La semana pasada fui a tomar un café con Justino, cuando salió de trabajar de BancoT, apenas me saluda y me dice: amigo, por favor hoy traigo el tema de que me quieren correr en BancoT y zozobra con el asunto del Banking as a Service (BaaS) como plan B, por lo que te pido hablar de otros temas –asentí sin decir palabra– sumado a que tengo curiosidad de algo que he visto publicado en tu LinkedIn: ¡Beernnovation llega a 333 Beernnovators!.

Muchos temas los he aprendido de esta maravillosa comunidad, la gente coopera a niveles insospechados, publican estudios de verdad interesantes esta semana como el de "Thin tank – Banca del futuro" que me ha parecido muy interesante, o el de "Think Digital, Think Barclays UK" donde nos comparten la reducción de procesos de 6 días 6 clicks, así como la penetración de servicios digitales.

Cuándo los leía me quedé meditando, ¿cómo es que se te ocurrió formar esta comunidad Héctor? -Suspiré y dije– es una historia simple y empezó con …hace tiempo, un poco más de 5 años leí una frase que me gustó mucho, de esas que puedes pintar en las paredes como los coworkings llenos de emprendedores amigo -reímos de buena gana-: "Debes buscar un mercado no un cliente", no sé si lo vi en un libro o donde, si conoces la frase y el autor, prometo citarlo cuándo lo encuentre, para darle el crédito que merece.

Como mi empresa es de servicios y consultoría especializada en Tecnología Financiera, tenía un dolor interesante, justo también salió el tema de estudiar un MBA, terminé con www.mipropiomba.com –por cierto, espero luego me puedas contar como vas con tu MBA Héctor, me interrumpió Justino-.

El dolor es que conseguir clientes es complicado, el alcance es corto, hace cinco años mis contactos o posibles oportunidades de venta se reducían a los dedos de una mano –Justino me miraba directo a los ojos con sumo interés, sólo se interrumpía para tomar sorbos de café de vez en vez –.

Leí esa frase, me pareció muy importante, pero debo de ser honesto, no entendí bien en ese momento como ejecutar para tener un beneficio tangible – Justino casi saltó de la silla- me dijo alzando la voz: lo que aprendes, debe reportar un beneficio de preferencia en el corto plazo para que sea conocimiento real.

¡Exacto! -dije en total acuerdo- me conoces bien, lleno mi cabeza de cosas que luego no necesariamente se convierte en beneficio – pero eso nos pasa a todos Héctor, dijo Justino- el asunto es que tardé tres años más en darme cuenta del impacto de esta frase: busca un mercado no un cliente, me decía de vez en vez en mi cabeza.

Hasta que un día tuvo sentido al leer uno de los libros del MBA, es de ventas del master-gurú Brian Tracy:

"Para que te compren deben tenerte confianza, para tenerte confianza debes ser un referente del sector, para ser un referente del sector debes ser conocido, y para vender debes ayudar primero"

Pensamiento ecléctico sacado de algunos libros y de nuevo, es más fácil ponerlo en frase que hacerlo, lo siguiente que pensé es ¿por dónde empiezo?, la respuesta que llegó fue leída en un libro que se llama Ahora descubra sus fortalezas de Marcus Buckingham de la empresa Gallup de RH, que por cierto tiene un historia curiosa también -cuéntame, me urgió Justino, me interesa mucho escucharla- de acuerdo, es rápida,

Este libro me lo regalaron en Banco Azteca cuando trabajaba allí, la gente de RH nos hizo una evaluación de desempeño o algo así, pero hice una idea preconcebida del mismo y no lo leí pensando que sería pérdida de tiempo, lo dejé en mi biblioteca donde se perdió con los años entre muchas novelas, tres libros técnicos que tengo, hasta que muchos años después que no tenía nada que leer, me dio por tomarlo y darle una ojeada ... ¡amigo! es maravilloso el libro,

En resumen, dice: “Se requiere menos esfuerzo, se hace con menos trabajo y da mejores resultados en el corto plazo: enfocarse en sus fortalezas en lugar de sus debilidades

". Marcus Buckingham, para mí fue revelador, siempre me habían dicho que debes enfocarte en aquello que no eres bueno, al cambiar ese sentido todo tuvo más valor, se describen tipos de personali dades, en que te puedes enfocar, sin temor de duda fue una de las grandes bases para Beernnovation Justino – sin dejarlo hablar, seguí mi historia –.

Mi fortaleza, que disfruto mucho es escribir y divulgar, es algo que haría sin que me pagaran ni un centavo, en Azteca lo intenté hace como 12 años atrás con un proyecto que llamamos dMente con mi buen amigo Alex Julien, era una red social colaborativa, aunque no camino ni siquiera con mi equipo, me tenía un poco frustrado ya que era estar informado de lo que pasaba en la industria financiera, recuerdo que lo presenté con el director de IT pero tampoco hubo mucho eco en esos días.

La operación es la asesina de la innovación -le dije-. Esa frase sigue siendo un resultado de mi trabajo en un banco, observación en muchos otros, por eso tenemos Beernnovation, pero me estoy emocionando mucho, el impacto lo conoces amigo.

Decidí escribir un blog del sector financiero, empezar a darle marketing a mis reflexiones con mis clientes de la empresa del sector financiero, les empezó a interesar, pero no de manera compacta lo que hacía complicado dar seguimiento y crecer, estuve dos años así en Linkedin buscando sumar personas, me documenté en Social Selling, leyendo de los expertos, me compré un libro al respecto donde aprendí muchas cosas, con esas habilidades en mi bolsa.

El otro gurú-master que me ha servido para esto es Seth Godin, él dice: Si quieres iniciar un movimiento, tienes que convencer a tres personas nada más y estas a su vez a otras tantas y así sucesivamente.

Crear una red de interesados en Linkedin, buscar dar mucho valor a la red, desde el punto de vista que sea simple y de interés para quién lo lee buyer persona.

El paso crucial de la muerte ahí es donde está empieza la magia es llevar la comunidad al mundo físico, empezamos poco antes de octubre del 2018 Justino, empezamos en un grupo de WhatsApp cerca de 50 integran tes, un círculo pequeño realmente y aún así no conocía a todas las personas.

Te confieso que siendo para mí un verdadero reto monumental las relaciones interpersonales, estaba muerto del miedo, pero decidí reunirlos a dos meses de la creación del grupo, encontré que en Ecuador hacían un evento llamado “Beer & Banking”, se reunían para hablar de banca como 15 personas. Me gustó mucho la idea de las cervezas, con apoyo de mis amigos cercanos Óscar Salcedo y Hugo Muñoz, organizamos el primer Beernnovation que por cierto se hizo una invitación pública en evenbrite donde

Blanca Córdova me ayudó con eso, se unieron unas 4 personas por esa invitación. Fue una experiencia genial Justino, lo hicimos un jueves lluvioso en la ciudad, citamos a las 19 horas los invitados, apenas llegaron nos saludamos muy contentos, poco a poco llegaron personas muy tímidas asomando la cabeza y diciendo: ¿aquí es la reunión de banca? - respondía que sí. me presentaba como el organizador, dando la bienvenida para platicar-.

Ya que éramos un número interesante, cerca de 25 personas muy entusiastas, con una gran vibra, más muerto del miedo que antes, me tuve que levantar y tomar la palabra, en ese momento quería estar a kilómetros de allí ... pero era hora de saber de qué estaba hecho, hasta donde quería llegar ... con es en mente tomé la palabra.

Agradecí su asistencia, nos presentamos uno a uno, empezamos a platicar de muchos temas diversos, éramos pocos y se prestaba perfecto a la charla, el lugar sólo nos permitía de 19 a 22 horas, pero las cervezas, la charla cada vez más interesante no paraba, realmente estaban cooperando, nos sentíamos como pez en el agua... muy a gusto la conversación.

Por ahí de las 22:15 horas, tuve que cortarles el interés para entregar las llaves del lugar, cosa que debo reconocer por los nervios lo hice muy cortante, quedamos en hacer otra reunión para seguir platicando, nos despedimos muy contentos, mi corazón no paraba de latir Justino, no me quedaba claro que acababa de ocurrir, pero me sentía feliz.

La comunidad empezó a crecer, poco después les pregunté que, si me ayudaban a ponerle un nombre, "Beer & Banking" sonaba bien para dejarlo, alguien dijo que era mejor innovación y cerveza, de pronto dijo: "Beernnovation", 10 minutos después de discutir ... ¡hasta logo ya teníamos!

¿En qué momento creció? Me parece que fue cuando publiqué en LinkedIn algo como esto:

Se busca personas interesadas en compartir y platicar del sector financiero ... me llegaron muchas solicitudes, algunas fueron aceptadas y otras no por no cumplir con el perfil para la comunidad, luego no sé cómo sumaron hasta llegar hoy 21 de julio que platicamos a 336 miembros.

Beernnovation, seguimos la aventura con un podcast llamado Beernnovation que hago con mi amigo Hugo Muñoz… que por cierto un día de estos me gustaría entrevistarte Justino – con gusto, cuando gustes me dijo –.

Muy interesante Héctor – dijo Justino – ¿Y que sigue para Beernnovation?

Es algo que me encanta hacer Justino, han hecho negocios me han dicho, hay personas que han encontrado trabajo, he conocido mucha gente del sector,se ha documentado de las tendencias, lo que pasa en el mundo y en México, para mí eso es una satisfacción importante … pero …. antes de que me digas otra cosa, entiendo y me queda claro - gracias a ti- que monetizar la comunidad es en bien de la misma – Justino asintió complacido-
Y en eso estamos trabajando ahora, queremos seguir siendo siempre gratis para la comunidad de Beernnovation, esa es la regla amigo,

pero buscar apoyo económico no está peleado y tendremos mejores eventos, regalaremos más libros, playeras, chamarras, talleres, etc.

Lo que sigue de manera general es…

-Qué los medios de comunicación sepan y hablen de Beernnovation

- Generar un espacio con voz y voto formal

- Hacer más formal el podcast y monetizarlo, como una vertical del movimiento

- Haré un libro de charlas contigo amigo -y Justino se ha reído a mas no poder- tenemos comunidad detrás de nuestro quehacer, mi equipo no está sólo, tenemos muchos cracks para recurrir y la fórmula funciona.

Como dice mi buen amigo Óscar Salcedo:

"Porque con café no se puede innovar"

¡Larga vida a Beernnovation!

Made in United States
Cleveland, OH
05 November 2026

47669897R00206